Da **terra** ao **céu**

Da **terra** ao **céu**

Escatologia cristã em perspectiva dialogal

Afonso Murad
Carlos Cunha
Paulo Roberto Gomes

Dados Internacionais de Catalogação na Publicação (CIP)
(Câmara Brasileira do Livro, SP, Brasil)

Murad, Afonso
      Da terra ao céu : escatologia cristã em perspectiva dialogal / Afonso Murad, Carlos Cunha, Paulo Roberto Gomes. – São Paulo : Paulinas, 2016. – (Coleção percursos & moradas)

      ISBN 978-85-356-4220-9

      1. Escatologia I. Cunha, Carlos. II. Gomes, Paulo Roberto. III. Título. IV. Série.

16-07133   CDD-234.25

Índices para catálogo sistemático:
1. Escatologia : Doutrina cristã   234.25

Direção-geral:	*Bernadete Boff*
Conselho editorial	*Dr. Antonio Francisco Lelo*
	Dr. João Décio Passos
	Maria Goretti de Oliveira
	Dr. Matthias Grenzer
	Dra. Vera Ivanise Bombonatto
Editora responsável:	*Vera Ivanise Bombonatto*
Copidesque:	*Cirano Dias Pelin*
Coordenação de revisão:	*Marina Mendonça*
Revisão:	*Ana Cecilia Mari*
Gerente de produção:	*Felício Calegaro Neto*
Diagramação:	*Manuel Rebelato Miramontes*

1ª edição – 2016
1ª reimpressão – 2017

Nenhuma parte desta obra poderá ser reproduzida ou transmitida por qualquer forma e/ou quaisquer meios (eletrônico ou mecânico, incluindo fotocópia e gravação) ou arquivada em qualquer sistema ou banco de dados sem permissão escrita da Editora. Direitos reservados.

Paulinas
Rua Dona Inácia Uchoa, 62
04110-020 – São Paulo – SP (Brasil)
Tel.: (11) 2125-3500
http://www.paulinas.org.br – editora@paulinas.com.br
Telemarketing e SAC: 0800-7010081
© Pia Sociedade Filhas de São Paulo – São Paulo, 2016

Dedicamos ao querido
professor João Batista Libanio, sj,
in memoriam.

Sumário

Introdução 11

I
POR QUE E COMO ESTUDAR ESCATOLOGIA?

Afonso Murad e Carlos Cunha

Introdução 15

Das perguntas existenciais à escatologia 15

O que é escatologia cristã? 22

Ler e interpretar os textos de escatologia 26

Oração 32

Textos dos teólogos 33

Reflexão em grupo 34

Para aprofundar 35

II
A MORTE, FIM E COMEÇO DA VIDA

Afonso Murad

Introdução 37

A morte à luz da teologia cristã 38

Lidar com a morte dos outros 44

A morte na sociedade atual 51

Orientações e sugestões pastorais 56

Conclusão aberta 59

Oração 60

Textos complementares 60

Reflexão em grupo 64

Para aprofundar 64

III

A RESSURREIÇÃO

Carlos Cunha

Introdução	67
Prima vere: a ressurreição de Jesus Cristo	68
Veranus tempus: a nossa ressurreição	72
Tempus hibernus: a crucificação	76
Autumno: o Reino de Deus	80
Tempus fugit: como falar sobre a ressurreição hoje?	84
Conclusão aberta	88
Oração	89
Textos dos teólogos	89
Reflexão em grupo	91
Para aprofundar	91

IV

O TEMPO DA COLHEITA. A "SEGUNDA VINDA" DE CRISTO E O JUÍZO

Paulo Roberto Gomes

Introdução	93
A parusia	94
O juízo	108
Conclusão aberta	113
Oração	114
Textos dos teólogos	115
Conversa em grupo	117
Para aprofundar	117

V

O CÉU. FESTA PREPARADA E CELEBRADA

Paulo Roberto Gomes

Introdução 119

O céu no Novo Testamento 120

Inferno: o fracasso humano 128

Conclusão aberta 138

Oração 140

Textos dos teólogos 141

Reflexão em grupo 142

Para aprofundar 143

VI

"NOVOS CÉUS E NOVA TERRA" OU FIM DO MUNDO?

Paulo Roberto Gomes

Introdução 145

A relação entre pessoa e mundo 146

O universo tem uma meta? 147

A palavra da teologia 148

A primavera do mundo 150

Esperança depois da seca: tudo renasce! 152

A redenção do cosmo 154

A salvação do mundo 156

Conclusão 160

Oração 161

Textos dos teólogos 161

Reflexão em grupo 163

Para aprofundar 163

Conclusão 165

Sobre os autores 167

Introdução

A vida é o primeiro, e o grande, presente que Deus nos dá. E com ela vêm também as experiências belas e marcantes, as pessoas que nos amam e a quem amamos, o crescimento humano e espiritual, os sonhos e suas realizações. Ao mesmo tempo, o ser humano se defronta com dificuldades e desafios, desde as questões que tocam de perto a vida de cada um, como a incompreensão, os conflitos, os fracassos, até os grandes problemas da humanidade, como a violência, a injustiça contra os pobres, a exclusão, a morte prematura e o sofrimento de tantos inocentes. Na caminhada da existência, à luz de sua fé, a pessoa procura entender o sentido da vida, da morte, do futuro da humanidade e do mundo.

Surgem, então, muitas perguntas. Como entender e encontrar consolo quando se perde alguém querido ceifado no vigor de seus anos? O que nos aguarda após a morte? Como entender e esperar a vinda de Cristo com poder e seu juízo sobre os vivos e os mortos? O que a Palavra de Deus quer expressar com os termos céu e inferno? Este mundo, criado amorosamente por Deus, está fadado à destruição ou passará por uma transformação?

A escatologia cristã se debruça sobre essas e outras questões. A partir da Palavra de Deus, da compreensão de inúmeras gerações que transmitiram de forma viva sua fé no correr de dois mil anos de história (Tradição), e auxiliada pelo conhecimento humano, a teologia busca compreender, de forma clara e esperançosa, o "último e definitivo" de todas as coisas.

Da terra ao céu: escatologia cristã em perspectiva dialogal visa ajudar os cristãos de diferentes Igrejas e denominações a dar razões de sua fé em Cristo Jesus, nosso Salvador, no que diz respeito à morte e à vida eterna. Destina-se aos estudantes de teologia de cursos acadêmicos e seminarísticos, de escolas dominicais, escolas de fé ou de cursos de formação de leigos ou pastores.

Ao usar metáforas, como a das estações, a dos tempos do plantio, do crescimento e da colheita, da floração e dos frutos, os autores, com experiência na área ecumênica, tornam acessíveis temas tão complexos, levando em conta as semelhanças e as diferenças entre diversas Igrejas cristãs.

Nas primeiras páginas da Bíblia, o livro do Gênesis apresenta o ser humano – criado "à imagem e semelhança" de Deus – para viver feliz neste mundo e cultivar o jardim (cf. Gn 2,8.15). Na região árida da Palestina, o sonho do Povo de Israel consistirá em encontrar "a terra em que corre leite e mel" (cf. Ex 3,8). Esse sonho foi retomado várias vezes pelos profetas, ao anunciarem a ação divina que transforma a terra seca em lindo pomar (cf. Is 41,8-20).

Também no Novo Testamento são utilizadas as imagens do pomar, do jardim, das estações e da festa para falar do Reino. Muitas vezes Jesus fala da semente, do crescimento, da colheita e dos frutos. Ele se retirava para o jardim das Oliveiras e ficava a sós com o Pai, em oração. Ali é aprisionado (cf. Lc 22,39-53). Em outro jardim é enterrado (cf. Jo 19,38-42) e nele se manifesta como o Ressuscitado (cf. Jo 20,11-18). Assim, Jesus transforma o jardim do Éden – lugar do pecado da desobediência – em possibilidades de vida nova e de salvação.

Esta obra desenvolve os temas centrais da escatologia cristã. O primeiro capítulo introduz o leitor no estudo da escatologia. Mostra como tal conhecimento saboroso e esperançoso deve ser compreendido com uma interpretação sensata da Bíblia para não se perder na literalidade dos textos e desfrutar da riqueza de suas comparações, símbolos, sinais e metáforas.

O segundo capítulo aborda a realidade da morte nas suas diversas dimensões: biológica, cultural, social e teológica. Corresponde ao tempo de amadurecimento do fruto e da ceifa da colheita na existência individual, realizada até então no "jardim/pomar" do mundo.

Enriquecendo a abordagem da morte, o capítulo três aborda a ressurreição de Cristo como a grande chave para a ressurreição do ser humano. Utiliza a imagem das quatro estações: primavera, verão, outono e inverno. Ainda que haja uma diferença qualitativa entre o que se passou com o Senhor Jesus e o que acontecerá com os cristãos após a morte, esta é a esperança que nos aguarda, *vida* radicalmente *nova*.

A ressurreição de Cristo aponta para a esperança da parusia, quando o Senhor vier em sua glória e manifestar o juízo sobre cada um e o conjunto da humanidade. O quarto capítulo reflete sobre o juízo e a vinda do Senhor a partir da prática e do anúncio de Jesus, tal como se apresenta nos Evangelhos e pode ser interpretado em perspectiva contemporânea.

O quinto capítulo aborda, com a riqueza de símbolos e comparações próprias do Novo Testamento, a vitória de Cristo e de seus seguidores sobre o pecado, a morte e o mal. Em suma, a participação na vida eterna, entendida como céu. Também apresenta o tema do inferno, como possibilidade real de fechamento a Deus e aos irmãos, perda definitiva da comunhão com o Senhor da vida.

O mundo, criado amorosamente pelas mãos da Trindade, aguarda a transformação total. O sexto capítulo explica sobre o fim do mundo e o novo céu e a nova terra à luz do Cristo Ressuscitado.

Ao final de cada capítulo o leitor encontrará uma oração, textos de teólogos, perguntas para serem refletidas em grupo e bibliografia para aprofundamento. Assim, a teologia se completa, como estudo, pesquisa, oração e partilha de vida.

Desejamos boa leitura a todos os que querem empreender a aventura de buscar maior clareza em sua fé! Que o Senhor Jesus, fonte de esperança e vida, nos abençoe na acolhida do Reino e na tarefa de testemunhá-lo a todos os irmãos.

Afonso Murad
Carlos Cunha
Paulo Roberto Gomes

I

Por que e como estudar escatologia?

Afonso Murad
Carlos Cunha

Introdução

As grandes questões sobre a morte, o sentido de estar aqui neste mundo e a esperança da glória definitiva brotam da vida. Quanto mais intensa e profunda é a existência de uma pessoa, com maior intensidade essas questões afloram para ela mesma e para quem está à sua volta. Por vezes, nós nos perguntamos: será que toda ternura, todo sonho, projetos e lutas são meramente ilusão? Para onde vai o esforço para evangelizar, tornar a existência humana significativa, e construir um mundo melhor?

O ser humano busca não somente um sentido parcial e momentâneo na vida, mas algo que seja definitivo, profundo e abrangente. Não se contenta com o hoje, sem perspectivas de um futuro mais rico e pleno. Se não há nenhuma "novidade radical", não sobra nada mais do que se contentar com a "monotonia da mesmice", "o tédio da repetição" e a "paralisia asfixiante" do sempre igual. O desejo de mais sentido, felicidade, plenitude, aponta para a "abertura" constitutiva do ser humano. No entanto, a finitude experimentada pela morte de pessoas próximas e pela nossa própria morte parece quebrar esta perspectiva e lançar a pessoa no absurdo da existência.

Das perguntas existenciais à escatologia

Comecemos com dois casos reais. Vejamos as perguntas que eles suscitam para a escatologia cristã.

Emília e Dorothy

Ela era uma mulher extraordinária, inteligente, sensível e bonita. Trilhou um longo caminho na vida profissional e afetiva. Formada em farmácia, Emília concluiu a pós-graduação em microbiologia e participava de um grupo avançado de pesquisa em genética. Esteve casada durante sete anos, e essa convivência a fez amadurecer muito, enquanto pessoa e mulher. Da relação com o marido teve uma filha, que estranhamente morreu minutos antes do parto. Proveniente de família cristã, Emília não se contentava com as respostas prontas da religiosidade tradicional. Queria saber mais e experimentar outras coisas. Então percorreu um longo e sinuoso caminho espiritual. Começou negando radicalmente a fé, nos primeiros anos em que estudava na universidade.

A ciência a fascinava muito, a ponto de parecer explicar-lhe quase tudo. O ateísmo levou-a a provar um vazio existencial, que ela buscou preencher ao empreender uma intensa busca religiosa. Considerava-se uma "aprendiza espiritual". Emília conheceu muita gente iluminada, e assim acolheu ensinamentos de vários grupos. Por onde passava criava amigos, pois era sincera, simpática e profunda. Por fim, redescobriu a beleza do Evangelho, acolheu o chamado de Jesus e voltou a ser cristã.

Então Emília sentiu um forte apelo para estudar teologia e contribuir na área da bioética, unindo os saberes da ciência e da fé. Conjugava a vida intensa de estudo com trabalho, oração e engajamento social. Quando estava no meio do curso de Teologia, Emília foi vítima de um câncer terrível. Em menos de um ano a doença se espalhou pela coluna vertebral e ela ficou praticamente imobilizada. Sofria muito com as dores, mas recuperava o sorriso quando encontrava os amigos queridos e orava com eles. Sempre começava a oração agradecendo a bondade de Deus e o dom da vida.

Emília provou experiências profundas à luz da fé e refletia sobre elas com sabedoria e serenidade. Além disso, reunia em si muitas qualidades: convicção cristã, consciência e engajamento social, conhecimento em várias áreas, metodologia no atuar e postura humana nos relacionamentos. Muitos esperavam que ela continuasse a contribuir por um mundo mais justo, humano e espiritualizado. Mas a morte veio ao seu encontro aos 35 anos de idade. Entre seus amigos ficou a pergunta: por que desapareceu da Terra tão cedo, sem que pudéssemos provar de seus frutos maduros?

Como aconteceu com Emília, dá-se a morte de crianças, jovens e adultos. Muitos, então, se perguntam: por que alguém tão jovem morre, aparentemente deixando incompleta sua missão neste mundo? A morte de alguém querido, especialmente quando é uma pessoa "do bem", nos põe diante de perguntas difíceis de responder: por que ela morreu deste jeito e neste momento? Se o mundo precisa tanto de pessoas iluminadas e comprometidas com a mudança, não seria injusta e absurda uma morte assim, prematura? Por que Deus permitiu que isso acontecesse? O que o fato tem a me ensinar sobre a vida e a morte?

Não somente os projetos pessoais de vida são interrompidos com a morte, mas também os coletivos. Vejamos outro caso real.

Anapu, 12 de fevereiro de 2005. No interior do Pará, o corpo de Dorothy Stang cai ao solo para não mais se levantar. Brutalmente assassinada, a mando de poderosos fazendeiros da região, a missionária norte-americana de 72 anos lutava, fazia muitos anos, por uma causa digna de reconhecimento em todo o mundo. Empenhava-se em garantir a terra para os lavradores e a continuidade da floresta amazônica, em projetos de economia sustentável. Essa mulher conjugava meiguice e firmeza, senso prático e sintonia com Deus, que se percebia no seu olhar sereno em meio a tantos conflitos. Estava engajada na mesma luta que moveu Chico Mendes. Ele também teve o mesmo fim trágico. O sangue derramado na terra por Dorothy e Chico Mendes somou-se ao de tantos mártires que, nos últimos anos, doaram a vida por causas humanitárias, sociais e ambientais. E como não lembrar de Dom Oscar Romero, arcebispo de São Salvador, assassinado em plena celebração, no dia 24 de março de 1980? Era um promotor da paz social no seu país, que no momento estava dividido pelos extremos dos grupos guerrilheiros de esquerda e dos paramilitares de direita.

A interrupção de belos projetos comunitários e de esperanças de um Mundo Novo também levanta sérias perguntas sobre o triunfo do bem e sobre Deus mesmo. Quantas vezes grupos e pessoas, reunidos em torno de causas humanitárias, de natureza religiosa, social e ecológica, empenham longos e penosos anos de suas vidas e, ao final, são perseguidos e até exterminados...

As conquistas históricas se perdem. Destrói-se rapidamente o que se edificou, no correr de anos, com tanto esforço, paciência e dedicação.

No correr de anos, décadas ou séculos, projetos sociais, ambientais, políticos e eclesiais, que mobilizavam a esperança, fracassaram ou foram substituídos por outros, de menor alcance. Tudo isso nos faz perguntar: por que o bem tem tanta dificuldade de triunfar na história? As pessoas e os grupos empenhados em causas nobres serão sempre uma minoria vencida, ignorada ou esquecida, gritando para uma geração surda e distraída? Qual é o futuro do nosso mundo? Ele se destina à glória ou à destruição?

É comum encontrar hoje em dia grupos religiosos que anunciam "o fim do mundo". Parece que a expansão da maldade, a degradação dos indivíduos, da sociedade e da natureza está chegando a um nível tal que não há mais esperança. Segundo algumas Igrejas cristãs, Jesus voltará logo e vai "passar uma vassoura" neste mundo perverso e degradado. Somente se salvarão aqueles que estiverem preparados. Mas... e os outros? E os milhões de habitantes da Terra que não tiveram sequer a oportunidade de ouvir um anúncio de esperança, serão condenados ao nada ou ao fogo do inferno? Será que Deus criou este mundo tão belo e deu ao ser humano o dom de ser protagonista da história para tudo terminar em um grande fracasso?

As questões a respeito da morte, da vida eterna, do destino do mundo e da segunda vinda de Jesus são estudadas na disciplina teológica intitulada "escatologia", que literalmente significa "o estudo (*logos*) a respeito das últimas coisas".

Vários fatores culturais e religiosos interferem na maneira de compreender a morte e a vida eterna. Vejamos brevemente alguns deles.

Prolongamento da vida, cultura de morte

A sociedade contemporânea tenta prolongar a vida e ignorar a morte. As pessoas cultivam qualidade de vida, adotam alimentação saudável, fazem exercícios físicos adequados e tentam garantir boas condições de moradia, trabalho e lazer. Há uma política de valorização da terceira idade, de forma a tornar o envelhecimento um processo lento e humanizado. A indústria de cosméticos lança a cada dia produtos para reduzir o envelhecimento dos tecidos da pele. Desenvolvem-se tecnologias que controlem várias doenças e prolonguem a vida, incluindo a utilização de células-tronco. Tudo isso é bom, se vivido com equilíbrio.

A cultura de consumo contemporânea criou o mito da "eterna juventude", de forma que as pessoas tendem a se comportar e a se vestir como se fossem sempre jovens. Alimenta-se a ilusão de que não envelhecerão. E sobre a morte não se fala... Muitas doenças que levavam à morte certa e rápida são hoje controladas com medicamentos poderosos; enfermos tidos como quase mortos são reavivados nos Centros de Tratamento Intensivo (CTIs)/Unidades de Terapia Intensiva (UTIs) dos hospitais. E quando não é mais possível prolongar a vida consciente? O que fazer quando alguém entra num longo período de vida vegetativa? É legítimo retirar os aparelhos que lhe sustentam artificialmente a vida? O polêmico tema da eutanásia está na ordem dia. Todas essas questões fazem parte do esforço para dominar e controlar a vida e a morte, o máximo possível. Algumas dizem respeito à bioética, mas também impactam na escatologia cristã.

O imenso labor em vista de prolongar a vida e retardar a morte algumas vezes se mostra inútil diante de forças que fogem ao controle humano. Em dezembro de 2004, um tsunami matou mais de cem mil pessoas em algumas regiões costeiras da Ásia. Tanto turistas ricos europeus quanto os pobres das populações nativas foram tragados pelas águas impetuosas, que pareciam um evento apocalíptico. Nos últimos anos, devido às mudanças climáticas, aumentaram os fenômenos extremos, tais como tempestades, ciclones e furacões, deixando atrás de si um rastro de destruição.

Cotidianamente, a violência crescente tem ceifado muitas vidas, fazendo lembrar a imagem medieval da morte. Pense em quantos jovens da periferia são assassinados a cada semana, em grande parte por causa do tráfico de drogas. E as pessoas atingidas pelas balas perdidas?

O modelo de "vida ocidental" que se impôs como padrão para todo o planeta, com a globalização do mercado, semeia a morte de muitas maneiras. Ele ignora milhões de pessoas, especialmente no continente africano, cujo nível de consumo está abaixo daquele exigido pelo mercado. Quem não se adéqua ao mercado global simplesmente não existe. O consumo indiscriminado de bens e serviços exige cada vez mais energia, produz resíduos sólidos (lixo) em quantidade absurda, e deixa marcas visíveis no solo, no ar e na água. As mudanças climáticas estão repercutindo na Terra, nossa casa comum, comprometendo cada vez mais a continuidade da vida de micro-organismos, plantas, animais e seres humanos.

É preciso uma postura nova, voltada para a sustentabilidade, para a continuidade da vida das futuras gerações de todos os seres vivos. As estruturas sociopolíticas e econômicas que organizam o mercado globalizado estão levando à morte lenta uma multidão de povos e de culturas e ao desequilíbrio ecológico, causando a eliminação de muitas espécies de seres vivos que compõem nosso ecossistema. Como os cristãos reagem a esse fato? Alguns encontram uma resposta fácil: as catástrofes causadas pela irresponsabilidade humana seriam somente um sinal da iminente vinda de Jesus. Então, quanto pior for a situação, melhor para os eleitos!

A morte e o além....

Embora a morte não seja um assunto agradável, é inevitável falar a seu respeito. Pois, queiramos ou não, a única certeza que temos nesta vida é que um dia morreremos. A morte parece uma visita incômoda que nós expulsamos pela porta da frente e que, espertamente, retorna pelos fundos da casa.

A morte tem um impacto existencial sobre cada um de nós. Quem não treme diante da possibilidade real de perder a vida? Conta-se que, certa vez, um padre fazia um sermão na missa matinal de Todos os Santos. Dizia da beleza que era o céu, na companhia dos anjos, diante de Jesus Glorificado. Assim, parecia encantar seus ouvintes. Em certo momento perguntou: "Quem quer ir para o céu?". Imediatamente, todos os paroquianos presentes levantaram as mãos, manifestando seu consentimento. Satisfeito, o padre modificou a pergunta: "E quem de vocês, sabendo que o céu é tão bom, quer ir para lá *hoje*?". Todos permaneceram quietos, imóveis. Ninguém levantou a mão! É normal que queiramos viver. A não ser em casos de depressão ou crise existencial grave e prolongada, o ser humano deseja a vida e não gosta da ideia da morte.

É custoso passar pelo processo de morrer. Necessitamos de muita força interior para acompanhar de perto um parente ou amigo que caminha em direção à morte por causa de uma doença incurável. Sentimo-nos impotentes, inseguros, como se o nosso chão tivesse desaparecido. Além disso, surgem dúvidas atrozes, tais como: devo dizer a ele(a) que a morte está próxima, para que se prepare, ou é melhor sustentar o fio de esperança que ainda resta? Quando e de que forma devo dizer-lhe que a morte é iminente? Temos tanta dificuldade em lidar com a nossa morte quanto com a morte dos outros.

Se o mundo dos vivos parece tão cheio de surpresas, o que dizer, então, daquilo que está "do lado de lá"? Na cultura popular brasileira há uma série de fantasias em torno dos mortos. Quem já não ouviu alguma história sobre casas mal-assombradas e "almas penadas" que voltam para pedir orações?

Os católicos estão acostumados a ouvir falar, desde a infância, sobre as realidades pós-morte, como o juízo particular, o purgatório, o céu e o inferno. De maneira impressionante se misturam as informações do catecismo tradicional com as imagens da religiosidade popular, frutos de uma mescla de elementos simbólicos dos portugueses, das culturas indígenas e das africanas. Assim, para muitos o purgatório é compreendido como "uma sala de espera", onde a alma está sob o poder de Deus ou do demônio. As almas penadas do purgatório vêm atormentar os vivos ou pedir orações em vista da salvação. O céu é o lugar "lá em cima", para além das nuvens, cheio de anjos e santos. Na porta do céu está São Pedro, esperando as almas benditas chegarem. O inferno, ao contrário, é compreendido como um lugar quente e insuportável, onde as almas dos condenados ardem num fogo eterno. O imenso repertório de piadas sobre o céu e o inferno está construído sobre essa visão tradicional.

Já os evangélicos enfatizam as representações sobre a segunda vinda de Jesus. O Senhor virá num carro de fogo, vai destruir todos os injustos e infiéis e levará os justos consigo para o Reino definitivo do Pai. Há, ainda, uma profusão de pregações sobre "o tempo da tribulação" e "o milênio", que estão no centro de grande parte da escatologia das Igrejas evangélicas no Brasil. Ora, o que, nessas imagens, faz parte do núcleo da fé cristã e o que deve ser interpretado com outro quadro de referência?

Refletir sobre tantas perguntas acerca da morte e da vida eterna nos abre para uma das áreas mais fascinantes e difíceis do pensamento teológico cristão: a *escatologia*.

O que é escatologia cristã?

Um saber sobre o último e definitivo

A palavra "escatologia" é a composição de dois termos gregos: *escaton* (no singular) ou *escata* (no plural) e *logos*. *Escaton*, literalmente, quer dizer "último", "definitivo". Já a palavra no plural significa "as últimas realidades". *Logos* é o termo técnico que tem muitos sentidos, tais como: palavra, verbo, intelecção, reflexão. Normalmente, o seu derivado *logia* significa "estudo sobre algo". Assim, por exemplo, *bio*logia é o estudo sobre as diversas formas de vida; enquanto a *eco*logia é o estudo sobre como todas as formas de vida se relacionam na casa comum do nosso planeta (em grego, *oikos* significa "casa"). No nosso caso, escatologia seria, então, o estudo sobre o último e definitivo (Jesus Cristo e a consumação do Reino de Deus) e sobre "as últimas coisas" que acontecerão. Ou seja, o que Deus nos reserva após a morte, a parusia (segunda vinda de Cristo), o futuro derradeiro da humanidade e da criação.

No correr dos séculos, a abordagem sobre a escatologia sofreu duas reduções. Em vez de ser um estudo sobre o último e definitivo da nossa existência pessoal, coletiva e planetária, foi considerada somente como a doutrina sobre o que vai acontecer depois da morte e do fim do mundo. Seria o estudo sobre "as últimas coisas", também chamado de "novíssimos", a partir da expressão latina que lhe deu origem. Estranhamente, na linguagem coloquial *novíssimo* tem um sentido bem diferente, é o superlativo de *novo*. Quer dizer: uma grande novidade, cheia de surpresa, algo que se realizará de forma diferente do que conhecemos. No entanto, no catecismo tradicional católico "novíssimos" aponta para "as últimas coisas que vão acontecer ainda". A forma como tudo acontecerá é descrita de maneira detalhada; não deixa espaço para esperar por novidades. As imagens que herdamos sobre céu, inferno e segunda vinda de Jesus estão cristalizadas e aludem a coisas previsíveis, sem referir-se à gratuidade de Deus.

A segunda redução, comum nas Igrejas evangélicas, consiste simplesmente em identificar "escatologia" com "milênio". A escatologia somente estuda sobre aquilo que aconteceria em breve, antes da vinda de Jesus. Então, há uma longa discussão sobre o tempo da tribulação, se a Igreja de

Cristo participará dela e de que forma. Descreve-se como será o milênio e os sinais evidentes que preparam a vinda de Jesus. Amarram-se diferentes textos bíblicos numa sequência que parece evidente, sem levar em conta o contexto onde estão situados.

A escatologia é uma disciplina da teologia cristã. Detém-se sobre a morte, a vida eterna, a vinda de Jesus, o sentido último da existência de cada um e do mundo à luz da fé cristã. Enquanto disciplina teológica, a escatologia se constrói a partir da Bíblia, levando em conta a experiência de fé acumulada pelas Igrejas cristãs, que chamamos Tradição (com T maiúsculo, para diferenciar das simples tradições), e as questões atuais colocadas pela humanidade, nas diferentes culturas. Pode-se afirmar, então, que a escatologia consiste na interpretação cristã sobre o "último e definitivo", para cada pessoa, para a humanidade e para o mundo. O "último e definitivo" é Jesus Cristo e o Reino de Deus. Somente a partir de seu nascimento, vida, morte e ressurreição se pode pensar sobre as "realidades últimas".

A escatologia cristã não se deve limitar a repetir ensinamentos anacrônicos das Igrejas, suas doutrinas congeladas no tempo. Ela tem a missão de atualizar a mensagem cristã a partir da esperança trazida por Cristo, para que a vida das pessoas, das comunidades e da sociedade tenha sentido. *Ao refletir sobre o "último e definitivo na vida humana", inclui a morte e a vida eterna.*

De onde vem a autoridade da teologia para fazer isso? Os desconfiados acusam os cristãos: "Vocês estão inventando coisas a partir da imaginação. Ninguém viajou para o além e depois voltou para contar como as coisas se passam lá". Os espíritas, que seguem Alan Kardec, responderão com tranquilidade: "Nós temos o método e o caminho para falar com os espíritos dos mortos. O que afirmamos sobre o além está testemunhado pelos espíritos que se comunicam conosco, através dos médiuns". Os cristãos responderão de outro jeito: "Podemos falar sobre as realidades após a morte a partir daquilo que experimentamos na nossa vida de fé, hoje". Citando Hb 11,1: "A fé é um modo de possuir desde agora o que se espera, um meio de conhecer realidades que ainda não se veem". Assim, podemos falar do céu como comunhão plena com Deus, pois a Bíblia faz esta promessa. E na fé já experimentamos como a sintonia com Deus nos enche de paz e de alegria. No outro extremo, supomos a possibilidade real do inferno, não somente porque a Escritura faz este alerta, mas porque provamos o que significa estar longe de Deus.

As afirmações da fé encontram-se ancoradas na experiência humana. Por fim, podemos falar da vida para além da morte porque Jesus Cristo é o último e definitivo. Como Filho de Deus, está presente junto do Pai, antes do início da criação (Jo 1,1-2) e pela sua ressurreição. Ele já experimentou a vida que vence a morte. Enquanto Senhor glorificado, é proclamado como "o primeiro e o último, o vivente" (Ap 1,18).

O apóstolo Paulo, quando escreveu à comunidade de Corinto, na qual havia muitos membros convertidos de religiões pagãs marcadas pela cultura grega, fez um esforço enorme para explicar a ressurreição dos mortos. Ele se serviu de imagens de seu tempo. Foi muito feliz, ao mostrar que entre esta existência e a vida eterna há uma relação de *continuidade* e também de *ruptura*. Sabe-se que Deus levará à consumação aquilo que construímos aqui de forma imperfeita e provisória. Mas não se pode afirmar, de maneira matemática, como será. É legítimo usar imagens e comparações. Elas sinalizam algo sobre o futuro e ao mesmo tempo deixam o cristão diante do radicalmente novo. Veja:

> O que você semeia não é a planta que deve nascer, mas um grão [...] Depois, Deus lhe dá corpo como quer, e a cada semente, de maneira própria [...] Acontece o mesmo com a ressurreição dos mortos: semeado corruptível, ressuscita incorruptível [...] é semeado na fraqueza mas ressuscita cheio de força, é semeado corpo animal, mas ressuscita corpo espiritual (cf. 1Cor 15,37-38,42-44).

O cristão não deve falar a respeito do que vai acontecer depois da morte como se estivesse fazendo uma reportagem antecipada. Cuidado e respeito são necessários para não dar margem à "ficção teológica". A linguagem adequada para fazer escatologia conjuga fé e esperança. Por isso concilia a precisão dos conceitos com a linguagem aberta e criativa da poesia, da analogia e das metáforas. Afirma com a certeza da fé, mas também com a humildade da esperança, pois as realidades do pós-morte estão muito além de nossa compreensão. Em parte se fala e se cala em respeitoso silêncio e reverência ao mistério que nos ultrapassa.

Por ora, fiquemos com a definição provisória de escatologia cristã: é a disciplina da teologia que estuda sobre o último e definitivo em todas as coisas, especialmente sobre a morte e o destino final do ser humano e do mundo.

O horizonte da escatologia

Estudaremos a escatologia cristã relacionando-a com outros temas e disciplinas teológicas. Toca-se na imagem de Deus (Trindade) ao se falar sobre o juízo divino após a morte. Quando se reflete sobre o fim da existência, apresentam-se as visões sobre o ser humano e a salvação (antropologia teológica). Se a escatologia diz respeito ao último e definitivo, ela está referida a Jesus Cristo, ao Reino de Deus (cristologia) e à manifestação do Espírito na história (pneumatologia). Os temas dos novíssimos (juízo, céu, inferno, purgatório) exigem o conhecimento da teologia bíblica a fim de evitar interpretações ingênuas e superficiais.

Além disso, há algumas diferenças entre a visão dos católicos e a dos evangélicos. Isso exigirá compreender o que gerou essas diferenças e favorecer o diálogo entre as Igrejas cristãs (ecumenismo). No Brasil, é necessário estudar o tema da ressurreição e compará-lo com o da reencarnação, por causa da força do espiritismo kardecista. No entanto, não será possível realizar tal tarefa neste livro.

A ecologia considera que todos os seres existem em relação de interdependência na "casa comum" do planeta Terra e propõe que se cultive um saber no qual cada parte esteja relacionada com o todo. Isso se chama "holística" (vem do grego *hólos*, que significa "todo"). Na perspectiva holística, o todo é mais do que a soma das partes, e cada parte só pode ser compreendida na relação com o todo. Ao aplicar esse princípio da holística na escatologia cristã, articularemos as afirmações sobre morte, juízo e vida eterna com os grandes temas da teologia. Em alguns assuntos, relacionaremos a teologia com outros saberes, especialmente as ciências humanas e a filosofia.

Algumas pessoas acham que tudo isso é desnecessário. Bastaria ler o que a Bíblia ou o catecismo escrevem e segui-los, sem questionar. Ora, qualquer leitura não é neutra. É preciso também ter claro qual é o modelo de compreensão que está presente na mente daquele que lê e interpreta a

Bíblia e a Tradição das nossas Igrejas. Na ciência moderna, isto se chama "paradigma". Os paradigmas são as grandes chaves de compreensão que temos na mente para entender os fenômenos e filtrar as informações que recebemos. Muitas vezes, por trás de brigas religiosas, no interior de uma Igreja ou entre distintas denominações ou religiões, há questões de paradigmas que sustentam as doutrinas. Ter consciência de qual é o seu paradigma e o do outro pode ajudar muito o diálogo ou, ao menos, favorecer o respeito para quem pensa diferente de nós.

Com isso em mente, iniciaremos nossa aventura do conhecimento, nas trilhas da escatologia. Para começar, uma questão vital: é legítimo ler os textos bíblicos que falam sobre a vida eterna e a vinda de Jesus como algo literal? Quais são os critérios para interpretar corretamente esses textos?

Ler e interpretar os textos de escatologia

Para além da leitura literal

A palavra "hermenêutica" vem do grego *hermeneutikós*, que significa "interpretação". A história da formação da hermenêutica, enquanto técnica de interpretação dos textos, começa com o esforço dos gregos para preservar e compreender os seus poetas e, posteriormente, desenvolve-se na tradição judaico-cristã de exegese das Sagradas Escrituras. Mas há uma diferença entre exegese e hermenêutica.

A exegese analisa um texto de forma exaustiva, através do estudo cuidadoso e sistemático. Ajudada pela gramática e pela semântica, procura descobrir o seu sentido original na intenção do autor. Situa, portanto, o texto dentro de determinada cultura em que foi gestado. Enquanto a exegese interpreta-o no horizonte de seu autor, a hermenêutica procura aplicá-lo ao horizonte do leitor.

Neste livro utilizamos várias imagens. Uma delas é a do jardim. Um bom jardineiro precisa estar devidamente equipado, com instrumentos próprios, para exercer sua função. Não se faz jardinagem sem conhecimento e cuidado. Requer-se cautela, atenção e habilidades próprias.

De modo semelhante, é preciso ter cautela, atenção e habilidades para o estudo da escatologia. O estudo das "últimas coisas" requer cuidado com a maneira de ler e interpretar a forma e o conteúdo dos textos bíblicos que apontam para as coisas últimas da história do ser humano e do mundo. É preciso trilhar pelo caminho mais adequado, pensar de forma contextual.

Desde os tempos bíblicos já havia a preocupação pela leitura adequada dos textos. A título de ilustração, podemos citar dois episódios emblemáticos para a importância da hermenêutica bíblica. Vamos ao primeiro episódio:

> Disse então o Espírito a Filipe: "Adianta-te e aproxima-te da carruagem". Filipe correu e ouviu que o eunuco lia o profeta Isaías. Então perguntou-lhe: "Entendes o que lês?" "Como poderia", disse ele, "se ninguém me explica?" (At 8,29-31).

O texto narra o batismo de um eunuco etíope, alto funcionário da rainha Candace, por Filipe. O eunuco estava lendo o profeta Isaías quando foi interpelado por Filipe sobre a compreensão do que lia. Nesse pequeno diálogo emergem duas perguntas de fundo interpretativo: "Entendes o que lês?" e "Como poderia, se ninguém me explica?".

Essas são perguntas geradas pelo anseio de apreender – assimilar com profundidade – o conteúdo do texto. Quando Filipe se propõe a explicar, tornar claro, o texto bíblico para o eunuco (At 8,31-35), ele se coloca na posição de exegeta e de hermeneuta. Filipe conduz o eunuco pela leitura do texto e, em seguida, expõe o seu conteúdo de maneira clara, trazendo-o para o contexto cristão.

Segundo episódio:

> E Esdras leu no livro da Lei de Deus, traduzindo e dando o sentido: assim podia-se compreender a leitura (Ne 8,8).

O capítulo 8 do livro de Neemias narra a leitura da Lei de Moisés feita pelo escriba Esdras, que não somente lê o livro, mas o explica como um exegeta/hermeneuta. Interessante observar a reação dos ouvintes após a compreensão do que havia sido lido:

E todo o povo se retirou para comer e beber. Distribuíram porções e se expandiram em grande alegria: pois haviam compreendido as palavras que lhes foram comunicadas (8,12).

Episódios como o de Filipe e de Esdras estão por toda a Bíblia. Escribas, profetas, reis, discípulos e gente simples, de modo geral, leem, explicam e traduzem mensagens. O próprio Jesus fez isso por várias vezes. Durante todo o seu ministério, ele foi o exegeta/hermeneuta do Pai. Desde quando leu e interpretou o profeta Isaías, na sinagoga (Lc 4,16-20), até o brado na cruz dirigido a Deus, em cujas mãos se entregou (Mc 15,34, releitura do Sl 22).

Esses textos chamam a atenção para a importância da hermenêutica bíblica. Não temos acesso direto e imediato aos fatos. A realidade é um texto a ser interpretado, mediado pela linguagem, história, cultura e tradição. Quando vamos aos textos bíblicos, nos deparamos com textos já interpretados. Entender isso é fundamental para a leitura bíblica crítica, não fundamentalista. O fundamentalismo toma a letra pela letra, sem confrontar com a revelação do projeto salvífico de Deus a partir da vida de Jesus de Nazaré.

Desde a crítica literária no século XVIII, não é conveniente ler mais os textos bíblicos de forma ingênua, sem as preciosas contribuições oriundas da hermenêutica. Tais instrumentos de análise literária são ferramentas importantes para a boa compreensão da Bíblia. Ainda que sejam ferramentas secundárias e limitadas, cooperam para corrigir leituras equivocadas. Para interpretar um texto são usados critérios das ciências da linguagem. No que diz respeito aos aspectos históricos e literários, empregam-se recursos da crítica literária, ou seja, textual e redacional.

Mesmo que tenha boa intenção, a leitura literal da Bíblia vai contra o próprio texto, por não levar em conta o seu processo de composição. Não percebe que a narração surgiu em um contexto social, político, econômico e religioso diferente do nosso. Não se preocupa em entender o seu sentido para aquela época, para depois atualizá-lo. Simplesmente se retira o texto do seu contexto, aplicando-o hoje. Além disso, esquece-se que a Palavra de Deus foi dita na linguagem humana dentro de determinadas culturas. Ela tem particularidades históricas próprias dos seus autores, tradições e contextos existenciais. Isso não diminui seu caráter sagrado. Deus inspira os autores da Bíblia. Mas essa inspiração não significa que cada palavrinha, em si, seja divina.

O fundamentalismo bíblico não faz essas distinções. Ele não se preocupa com a verdade religiosa contida no texto, mas com a verdade histórica do que está relatado literalmente. Considera o texto bíblico como ditado verbal feito por Deus, livre de erros, ou seja, um manual de doutrinas. Assim, não deixa lugar para os recursos da hermenêutica bíblica. Não admite o processo de interpretação e de atualização da Escritura. Afirma Deus como o autor e toma o texto escrito no passado remoto e em outro lugar como se tivesse sido escrito ontem e aqui.

Um dos equívocos do fundamentalismo bíblico é sua leitura literalista. Os diversos gêneros literários da Bíblia são ignorados. Leem-se os textos bíblicos como se lê qualquer documento histórico ou jornalístico. Outro equívoco está em buscar no texto não sua mensagem, mas a "última revelação". Faz-se o texto dizer o que se quer que diga, manipulando a Palavra de Deus. Além disso, memoriza-se algumas passagens, fora do contexto, as quais são repetidas constantemente como indícios do verdadeiro conhecedor da Bíblia.

Por sua vez, a leitura crítica e madura da Bíblia pergunta pelos gêneros literários presentes nos textos. Ao conhecer o gênero literário no qual foi composta uma obra e se familiarizar com ele, busca-se conhecer o propósito do autor, o conteúdo e a mensagem que desejou comunicar. Não se tomam palavras isoladas de seu contexto ou do conjunto da obra, mas a mensagem transmitida. O importante é o discurso e não a forma utilizada para transmiti-lo.

Do ponto de vista de seu conteúdo e da forma, a Bíblia tem diferentes gêneros literários: jurídico, sapiencial, profético, apocalíptico, lírico, Evangelhos, epistolar, dentre outros. Cada gênero se desdobra numa diversidade de narrativas com o objetivo de expor um acontecimento ou uma série de acontecimentos mais ou menos encadeados, reais e imaginários, por meio de palavras, analogias e metáforas. E isso é muito importante para que possamos ler os textos bíblicos que tratam da escatologia.

Apocalíptica e escatologia

Dentre os vários gêneros literários, o apocalíptico se caracteriza pelo emprego de símbolos, de imagens e de mitos. Tal gênero floresce especialmente em momentos nos quais o Judaísmo e, em seguida, o Cristianismo sofrem grandes perseguições por parte dos poderes pagãos. O propósito fundamental é infundir esperança em uma situação desesperadora, dar ânimo quando parecia melhor renunciar, afirmar a fé em momentos de dúvidas sobre a justiça divina. A insatisfação com o tempo presente se expressa de maneira indireta, mediante visões, metáforas, linguagem enigmática, "revelação" de um plano ou desígnio de Deus em relação aos seus filhos (*apokálypsis*).

Os escritos apocalípticos evocam horizontes amplos e transcendentes, nutrindo a resistência e a esperança para o povo em crise. Por meio desses textos, Deus continua exortando as pessoas de hoje, como naqueles tempos, a não desanimarem diante das adversidades, a continuarem confiando nele, com a certeza da salvação para os perseverantes.

Por não conhecer o gênero apocalíptico, muitos pensam que se trata de anúncios futuristas. Essas pessoas acreditam que o propósito do Apocalipse é o de informar a respeito dos acontecimentos que sucederão antes do fim do mundo. Ora, o livro do Apocalipse não é um escrito com o intuito de semear o medo e o terror. Antes, o seu objetivo é suscitar esperança no fiel que aguarda, confiantemente, o triunfo do bem sobre o mal.

É comum, nos segmentos católicos e protestantes, certa identificação de "apocalipse" com "escatologia". A falta de precisão no uso dos termos leva a equívocos. A palavra "apocalipse" vem de dois vocábulos gregos: *apo* (dentro para fora) e *kalypsis* (cobertura, véu). Portanto, apocalipse significa "descobrir, tirar o véu para que algo possa ser visto".

A literatura apocalíptica é um gênero literário surgido no século II a.C. e que se estende até o século II d.C. O ambiente ou as circunstâncias em que ela surgiu estão vinculados a ideias como o "remanescente justo" e o problema do mal. A finalidade dos escritos apocalípticos é dar resposta aos tempos de crise, quanto à expectativa de salvação. Também é uma teodiceia, pois procura explicar o triunfo do mal na história, diante de um Deus que é essencialmente bom.

O Apocalipse se destina a consolar e fortalecer o Povo de Deus em tempos de perseguição. Destina-se a recuperar a esperança. Não é um texto orientado para a "segunda vinda de Jesus" ou para o "fim do mundo", mas centrado na presença poderosa do Cristo Ressuscitado, na comunidade e no mundo. O Cristo Ressurreto transforma o presente num *kairós*: momento de graça e de conversão; tempo de resistência, de testemunho e de construção do Reino de Deus. A mensagem do Apocalipse é: se Cristo ressuscitou, o tempo da ressurreição e do Reino de Deus já começou.

Ao utilizar linguagem simbólica, o gênero apocalíptico utiliza um sistema no qual certos conceitos são transmitidos por meio de imagens, tais como: anjos, números, animais, sinais etc. A linguagem apocalíptica não deve ser lida de forma literal. Antes, é linguagem cifrada, enigmática, que convida o leitor a captar o conteúdo da mensagem para além do texto coberto com roupagem simbólica. O símbolo desvela a dimensão profunda da realidade e remete ao mistério divino. Torna possível a experiência de profundidade, esperança e novidade operada por Deus.

Enquanto o Apocalipse é um gênero literário para suscitar a esperança no Senhor em tempos de perseguição, a escatologia é a mensagem sobre as realidades últimas alicerçadas em Jesus Cristo e no Reino de Deus.

A escatologia cristã é uma disciplina da teologia, sustentada por sólidos trabalhos exegéticos e interpretativos construídos a partir dos dados bíblicos sobre a morte, o juízo de Deus, o fim da história, o triunfo da esperança e do Reino.

Algumas conclusões

1. A escatologia cristã trata das realidades últimas da vida humana a partir de Jesus Cristo, "o último e definitivo". Trata-se de um estudo sistemático e crítico que tem como fonte as Sagradas Escrituras e a experiência de fé, acumulada pelas Igrejas cristãs no correr dos séculos. Para além das imagens, metáforas e analogias, a escatologia procura captar a mensagem transmitida pelo autor no seu tempo (exegese) para transmiti-la ao leitor hodierno (hermenêutica).

2. Auxiliada pela hermenêutica, ciência da interpretação, a escatologia cristã mostra que nossa fé na vida eterna se baseia em realidades

ancoradas em experiências tais como: o desejo de eternidade, de plenitude e de amor, o discernimento, o julgamento etc. Ultrapassa os limites do fundamentalismo, que lê a Palavra de Deus sem levar em conta os diversos contextos implicados no texto e os gêneros literários utilizados.

3. Tendo como base as Sagradas Escrituras e a prática das comunidades cristãs, a escatologia cristã é elaborada como um discurso, uma mensagem em diálogo com as outras disciplinas da teologia, com a filosofia e as ciências humanas. Evita fazer uma "reportagem além da morte". Com humildade, reflete sobre o mistério que se encontra muito além do que conseguimos captar e formular.

A reflexão sobre a escatologia cristã, neste livro, tem a seguinte intenção:

1. mostrar como a crença na vida eterna e na salvação individual está conectada com a ação coletiva em prol de uma sociedade justa, solidária e sustentável, a caminho de "novo céu e nova terra". Isso significa, teologicamente, recuperar a unidade da dimensão pessoal e comunitária a partir do núcleo escatológico;

2. apontar as semelhanças e as diferenças entre a concepção católica e a evangélica, para ajudar o diálogo ecumênico, visando construir uma sociedade onde as Igrejas contribuam para a construção da paz. É impossível contemplar a visão de todas as Igrejas cristãs numa obra didática. Serão apresentadas algumas chaves de leitura para ajudar nessa tarefa;

3. ser companheira das "pessoas do bem", para que elas não desanimem e continuem firmes na causa que abraçaram. Cremos que a última palavra de Deus sobre a humanidade e seu futuro produz e traz para os cristãos confiança e esperança.

Oração

Senhor Deus de Amor e Bondade, nossa esperança encontra-se ancorada em Cristo, a partir de nossas experiências de fé.

Como crentes, queremos ter a sabedoria de ler os textos bíblicos e compreendê-los em seus contextos para, criativamente, anunciar as Boas-Novas aos homens e mulheres de hoje.

Livrai-nos, Senhor, da tentação de manipular vossa santa Palavra, sem considerar o que os autores sagrados quiseram dizer.

Dai-nos o discernimento, a profundidade de discípulos e a entrega necessária para não ficarmos presos às imagens, metáforas e comparações, mas para compreendermos vossa mensagem de vida e salvação.

Fazei de nós testemunhas da esperança!

Amém.

Textos dos teólogos

1. "A escatologia funda-se no núcleo central da fé num Deus da vida, cujo projeto salvífico se estende sobre toda a história humana até sua plena realização na eternidade. Tal projeto não é concebido pela fantasia humana, mas revelou-se na encarnação, morte e ressurreição de Jesus. Por isso o dado escatológico fundamental é Jesus Cristo... Não se trata, pois, de perguntar pelas 'últimas realidades', mas pelo 'Último' de todas as realidades...

Não são sobre os *eschata* (plural grego: coisas últimas), mas sobre o *eschaton* (singular grego neutro: Futuro Absoluto), ou talvez mais exatamente sobre o *Eschatos* (singular masculino) – Jesus Cristo: plenitude, pleroma, evento escatológico por excelência, que coloca toda nossa existência sob o juízo, que diz respeito, em última referência e instância, a nosso ser, a nosso destino definitivo...

Escatologia não vem responder a perguntas sobre o modo como acontecerão as últimas realidades. Não são afirmações descritivas, narrativas, mas implicam um discurso *performativo*. Não relatam, mas provocam as pessoas à responsabilidade, a tomar atitudes diante de sua realidade. Não são informações histórico-descritivas nem visões proféticas antecipadas do futuro, mas são teologia no sentido estrito do termo. Falam do Absoluto de Deus em relação ao homem e do homem em relação a esse Absoluto, como esperança, como perdão, mas também com justiça. Esse núcleo é vestido de imagens, reflexo de experiências, traduzidas dentro do espaço hermenêutico em que se vive" (cf. LIBANIO, João Batista; BINGEMER, Maria Clara L. *Escatologia cristã*. Petrópolis: Vozes, 1985. p. 15, 22-27).

2. "Escatologia é a reflexão teológica que, baseando-se no mistério pascal de Cristo, vê nele o protótipo da condição final da humanidade como coroação do plano divino de criação e salvação da pessoa. A ressurreição de Cristo, sua entrada na glória e o fato de estar ele sentado à direita do Pai são as condições cristológicas de comunhão perfeita da pessoa com Deus. Desse modo, o evento Jesus Cristo realiza todas as promessas de Deus e responde, com eficácia, a todas as fundamentais e dramáticas perguntas da pessoa a respeito da origem e da finalidade do todo, inclusive da história humana. A escatologia está, portanto, já realizada em Cristo; não sendo, pois, algo que deva ainda acontecer. Historicamente, o que se realiza é o cumprimento do mistério de Cristo na vida das pessoas. Os crentes começam já a experimentar na vida eclesial de fé, vivida e celebrada nos sacramentos, tais realidades, na ansiosa expectativa de vivê-las em plenitude... O interesse primário da escatologia não é a determinação dos lugares do além. Nem a ilustração objetivista ou uma espécie de reportagem a respeito das realidades derradeiras, satisfazendo a curiosidade humana. Nesse caso, teria como consequência grave a perda do senso do mistério e da tensão escatológica da continuidade e descontinuidade entre história e meta-história, entre os eventos terrestres e seu caráter definitivo" (PACOMIO, Luciano; MANCUSO, Vito. *Lexicon*. Dicionário teológico enciclopédico. São Paulo: Loyola, 2003. p. 241-242).

Reflexão em grupo

1. A partir da leitura deste capítulo, elabore um conceito de escatologia. Consulte também livros da biblioteca e busque na Internet. Perceba como grande parte dos *sites* evangélicos identificam "escatologia" com o "estudo sobre o milênio". Veja como o conceito aparece em páginas católicas. Tire sua conclusão crítica.

2. Quais são as principais perguntas que você gostaria de ter respondidas no curso de Escatologia?

3. Mostre as diferenças entre escatologia e apocalíptica.

Para aprofundar

BLANK, Renold. J. *Escatologia da pessoa. Vida, morte e ressurreição*. São Paulo: Paulus, 2000. p. 7-41, 45-70.

_____. *Nossa vida tem futuro. Escatologia cristã*. São Paulo: Paulinas, 1991. p. 59-111.

BOFF, Leonardo. *Vida para além da morte*. Petrópolis: Vozes, 1978. p. 137-145.

DE LA PEÑA, Juan L. Ruiz. *La otra dimensión. Escatología cristiana*. Madrid: Sal Terrae, 1975. p. 3-119.

GEFFRÉ, Claude. *Crer e interpretar. A virada hermenêutica da teologia*. Petrópolis: Vozes, 2004. p. 29-63, 83-130.

LIBANIO, João Batista; BINGEMER, Maria Clara L. *Escatologia cristã*. Petrópolis: Vozes, 1985. p. 19-73.

ROLDÁN, Alberto Fernando. *Do terror à esperança. Paradigmas para uma escatologia integral*. Londrina: Descoberta, 2001. p. 49-76.

II

A morte, fim e começo da vida

Afonso Murad

Introdução

Entre os cristãos, pouco se reflete sobre a morte em si mesma quando se estuda escatologia. A atenção se volta para o que vai acontecer depois: o juízo de Deus e a vida eterna. Os católicos e grande parte dos protestantes históricos se ocupam especialmente da salvação da alma após a morte. Para os evangélicos, o acento recai na tribulação e na segunda vinda de Jesus. A catequese, as escolas dominicais, os cursos de iniciação à teologia, *sites* e *blogs* estão focados no que vai acontecer depois desta vida. Há pequenas referências à morte. Raramente se leva a sério os sentimentos que as pessoas provam diante da morte de parentes e amigos. No entanto, o fim desta existência permanece como uma das perguntas cruciais para o ser humano, e a teologia deve refletir sobre ela.

Neste capítulo abordaremos a morte com vários olhares: teológico (como a fé cristã a compreende), existencial (o que significa este fenômeno para a pessoa), cultural (visão da sociedade contemporânea) e pastoral (como tratar deste tema na evangelização).[1] Responderemos às seguintes questões: por que morremos? Como ajudar a quem tem uma doença grave e está no caminho da morte? Para que morremos? Como lidar com nossos sentimentos diante da morte de pessoas que amamos? Como a morte de Jesus ilumina a existência humana?

---

[1] Este texto foi originalmente publicado em forma de artigo. MURAD, Afonso. A morte: abordagem interdisciplinar a partir da teologia e da pastoral. Revista *Pistis Praxis* – Teologia e Pastoral, Curitiba, v. 6, n. 1, jan./abr. 2014, p. 255-278.

A morte à luz da teologia cristã

A morte faz parte da vida

No nosso planeta, todos os animais, inclusive os seres humanos, passam um ciclo de vida semelhante. Nascem, crescem, procriam, envelhecem e morrem. Processo mais simples do ciclo da vida também acontece com as plantas e os micro-organismos, como bactérias, algas e fungos. Este fato é fundamental para a manutenção da vida na terra.

Tudo está interligado. As plantas absorvem nutrientes do solo, sintetizam energia sob a ação do sol e liberam o oxigênio, que é imprescindível para a vida dos animais. Animais se alimentam de plantas e de outros pequenos animais. Há uma relação de competição (cadeia alimentar) e de cooperação entre os seres. Em alguns casos, a interdependência se mostra com clareza. O pássaro se alimenta de frutos de determinadas árvores. Por sua vez, espalha as sementes, de forma a garantir a continuidade dessas espécies. O mesmo se pode afirmar da relação de cooperação entre as abelhas e as flores. Essa dinâmica tão bela do ciclo de vida no nosso planeta inclui a morte.

A vida está penetrada pela dupla e oposta dinâmica de conservação e dissolução. Assim, a morte faz parte do ciclo vital de todos os seres vivos. Se eles vivessem para sempre e continuassem a procriar, aconteceria uma catástrofe. Algumas espécies de plantas ou de animais dominariam completamente nosso planeta. E, como não teriam alimento necessário nem espaço para habitar, morreriam também. Seria o anquilamento total! Se todos os dinossauros que já existiram fossem programados para serem imortais, já teriam consumido grande parte dos recursos disponíveis da terra e acabariam com o ciclo da vida no nosso planeta. Então, a morte dos seres vivos é indispensável para o equilíbrio do meio ambiente. A morte revela que a vida humana participa da finitude de todos os seres vivos conhecidos. Ela é desgastável, consumível, dissolúvel.

Inspirado por Deus, o Povo de Israel compreendeu que a nossa existência neste mundo tem um fim. Somos seres finitos. Como a morte é inevitável, sinal de bênção divina consiste em viver muito, ter saúde e paz, não morrer precocemente e experimentar uma velhice feliz. Por isso se atribui grande quantidade de anos a personagens importantes como Sara (Gn 23,1) e Abraão (Gn 25,7). Sinal de bênção divina é viver bem, durante longo período (Dt 28,11s).

O profeta Isaías promete que, no novo tempo do messias, "não haverá mais crianças que vivam alguns dias apenas, nem velhos que não cheguem a completar seus dias, pois será ainda jovem quem morrer aos cem anos" (Is 65,20-21). Os textos bíblicos das Escrituras judaicas – ou segundo Testamento – , com excessão de algumas citações da literatura sapiencial, não fazem alusão à imortalidade, como acontece em outras culturas. O ser humano sabe que vai morrer. Sinal de graça na sua existência é completar o tempo que Deus lhe reserva.

Como interpretar a frase de Paulo "com o pecado veio a morte" (Rm 5,12)? Se a humanidade não tivesse rejeitado a aliança com Deus, sua vida aqui nesta terra seria duradoura? E como isso seria possível, se a morte é necessária para assegurar os ciclos de vida para os seres humanos e outros viventes? Em que sentido a morte depende, ou não, do pecado?

Diferentes sentidos da palavra "morte"

Em alguns catecismos cristãos tradicionais se afirma que Adão e Eva receberam de Deus o dom da imortalidade. Eles viveriam para sempre felizes no paraíso se tivessem obedecido a Deus. Seriam imortais, e poderiam abandonar este mundo quando desejassem. Mas como nossos primeiros pais não seguiram o preceito divino, perderam esse e outros dons. Portanto, a morte de todos os homens e mulheres seria consequência do *pecado*. Essa interpretação surgiu no século V, a partir da leitura de textos paulinos, difundiu-se com Agostinho e foi assumida posteriormente pelas Igrejas cristãs: católica e protestantes. Mas encontra problemas. O que dizer de todos os animais, que não pecaram e também morrem? E, para quem acredita em "anjos decaídos", como explicar que eles pecaram e não morreram?

Ora, a palavra "morte" tem ao menos dois sentidos na Bíblia. O primeiro é literal: o fim da existência na terra. Neste caso, morrer não é consequência do pecado, pois o ser humano experimenta o ciclo natural de concepção, nascimento, crescimento, procriação, maturidade, envelhecimento e final de vida, como os outros animais sexuados. Se homens e mulheres que nasceram desde o começo da história da humanidade estivessem vivos até hoje, simplesmente não haveria lugar nem alimento suficiente para todos. A nossa geração não existiria. É a dimensão natural da morte, que não pode ser ignorada. A vida está penetrada pela dupla dinâmica de conservação e dissolução.

As Escrituras judaicas, com excessão de algumas citações da literatura sapiencial (Sb 3,1-9; 5,15-16), não defendem a imortalidade, como acontece em outras culturas. Sinal de dávida divina consiste em completar o tempo que Deus lhe reserva. O ser humano não é Deus. Faz parte de sua finitude o fato da morte. E, diferente dos outros animais, ele sabe, conscientemente, que um dia vai morrer. A vida humana é relativamente breve e vai ao encontro da morte. Por isso o salmista pede a Deus a sabedoria de viver bem no curto tempo da existência (Sl 90,12).

A Bíblia confere à palavra "morte" também um sentido ético-espiritual: *optar contra o Deus da vida, ceder às inclinações do mal no seu coração, afastar-se da Fonte da vida.* Se o Povo de Deus escolher a fidelidade à aliança, sua existência nesta terra será marcada pela bênção e pela paz. Rejeitar a aliança com Javé leva à perda de valores, ao desvio do caminho do bem, à destruição lenta do próprio povo. O texto clássico sobre este sentido ético-espiritual de morte se encontra em Dt 30,15-19:

> Hoje eu coloco diante de você a vida e a felicidade, a morte e a desgraça. Se você obedecer aos mandamentos de Javé seu Deus, andando em seus caminhos e observando os seus mandamentos, estatutos e normas, você viverá e se multiplicará. Javé seu Deus o abençoará na terra onde você está entrando para tomar posse dela. Todavia, se o seu coração se desviar e você não obedecer, se você deixar se seduzir e adorar e servir outros deuses, eu hoje lhe declaro: é certo que você perecerá! Não prolongará seus dias sobre a terra onde está entrando. Hoje eu tomo o céu e a terra como testemunhas contra você: eu lhe propus a vida ou a morte, a bênção ou a maldição. Escolha, portanto, a vida, para que você e seus descendentes possam viver, amando a Javé seu Deus, obedecendo-lhe e apegando-se a ele.

Morrer, enquanto etapa final da existência humana neste mundo, é algo natural. No entanto, a morte como atitude de negar o Deus da vida e de praticar o mal contra as pessoas é consequência e manifestação do pecado. Gn 4,1-15 narra como Caim assassinou o próprio irmão. Se é normal falecer, depois de longo período de existência na terra, é pecaminosa a morte provocada por violência. Ela reduz o tempo de vida, que Deus nos reserva. Além disso, o pecado acrescentou à existência um lado trágico e difícil. O ser humano se aferra à vida e aos bens conquistados e não quer abandonar este mundo. Então a morte passa a ser temida como a grande inimiga.

Paulo afirma que "com o pecado entrou a morte no mundo" (Rm 5,12). O apóstolo não se refere aqui ao final do ciclo de vida, mas sim à rejeição a Deus, que leva os seres humanos a destruírem a si próprios, aos outros e à natureza! Assim, o pecado influencia profundamente a forma humana de viver e de morrer. Longe de Deus, o homem e a mulher cultivam atitudes que corroem a vida, em toda a sua extensão. Em sentido simbólico: vivem optando pela morte. O resultado não poderia ser outro. Apegam-se tanto às ilusões e às coisas passageiras desta vida que têm dificuldade em fazer da morte o gesto derradeiro de entrega nas mãos de Deus. No final da vida colhem o mal que cultivaram durante a existência. Quem se distancia de Deus está no caminho da morte, como a palha que o vento leva (Sl 1,4-6).

Nas comunidades joaninas, a ligação entre *amor* e *vida* está clara: "Nós sabemos que passamos da morte para a vida porque amamos os nossos irmãos" (1Jo 3,14). No entanto, o final da existência terrena não se equipara ao aniquilamento espiritual do ser humano. Não são sinônimos. Assim se compreende a palavra de Paulo: "[...] a morte é o salário do pecado. Mas o dom gratuito de Deus é a vida eterna" (Rm 6,23). "Morte" designa tanto o fim temporal da vida como também o dano causado à vida pela perda da comunhão com Deus. Mas as duas experiências não são necessariamente coincidentes.

Durante alguns séculos o Povo de Israel acreditou que a morte era o fim de tudo. Quem já morreu, mesmo que tenha sido uma pessoa justa, está no *Sheol*, na morada dos mortos, longe de Deus. Por isso, nem pode louvá-lo (Sl 88,11-13). Assim, inevitavelmente, morrer é passar para um estágio onde se está distante de Deus. Ora, Javé é o amante da vida (Sb 11,26). Sua fidelidade dura para sempre. O seu amor é eterno! (Sl 118,1-4; 136). Nasce, então, uma pergunta, que amadurecerá durante bom tempo: esta existência é o final da vida? Daí cresce lentamente uma convicção: quem está com Deus não pode acabar sua existência na tumba (Sl 16,10). A experiência de ser fiel a Deus, em meio a tantas crises, suscita no Povo de Deus a esperança na ressurreição dos mortos: "Tu não abandonarás a minha vida no *Sheol*"(Sl 16,10). "Tu me agarraste pela mão e ao fim me tomarás na glória" (Sl 73,23s).

Se Javé é o Deus da vida, a morte é compreendida simbolicamente como inimiga de Deus. Por isso, a ressurreição de Jesus realiza a grande vitória de Deus sobre a morte, em todos os sentidos: ético, biológico e simbólico-espiritual (1Cor 15,54.57). A vida, a morte e a ressurreição de Jesus nos libertaram do pecado e da morte. O ser humano morre, mas a dimensão negativa da morte foi vencida, em Cristo.

Compreender a morte a partir de Jesus

Vejamos que significados os Evangelhos atribuem ao ato último de Jesus, o de morrer na cruz.

A morte é, para Jesus, a consumação de uma vida de amor e dedicação ao povo, o término de sua missão de inaugurar o Reino de Deus e anunciar o Pai amoroso. O relato da Paixão, no Evangelho de João, assim se inicia: "Tendo amado os seus que estavam neste mundo, amou-os até o fim" (Jo 13,1b). Na oração conclusiva de sua missão, Jesus proclama: "Eu te glorifiquei na terra, completei a obra que me deste para fazer" (Jo 17,4). Assim ele encerra um longo e belo caminho de viver para os outros, fazendo o bem (At 10,38)!

Jesus termina sua vida abandonado pelos discípulos e pela multidão. A morte redentora não suprime esse fato. Inicialmente, morrer crucificado soou, para seus discípulos, como fracasso. Abateu suas esperanças, como se relata na conversa dos discípulos de Emaús (Lc 24,19-21). O Evangelho de Marcos, na narrativa da Paixão, apresenta a palavra trágica de Jesus na cruz: "Meu Deus, meu Deus, por que me abandonaste?" (Mc 15,34), aludindo ao grito do justo perseguido, no Sl 22. À luz da situação de Jesus na cruz, pode-se afirmar que, para todo ser humano, a morte comporta perda e abandono. É enganosa a pretensão da "doce morte", pois ela é o ocaso desta existência terrena concreta. Uma interrupção radical, com consequências duras, definitivas e dolorosas.

O próprio Filho de Deus encarnado experimentou a morte como acontecimento solitário, difícil, penoso. No entanto, Jesus deu outro sentido ao fato de morrer. Fez do abandono o gesto mais radical de entrega a Deus. Jesus tomou a vida e a morte em suas mãos. Não deixou que se transformasse num destino cego. O grande gesto de Jesus ao final da vida consiste em se entregar confiadamente nas mãos do Pai. Assim é que o evangelista Lucas relata a última palavra de Jesus, num grande grito na cruz: "Pai, em tuas mãos entrego o meu espírito" (Lc 23,46). Então, inspirado nesse gesto de Jesus, o cristão é chamado a fazer da morte o último e definitivo momento de oferenda a Deus, o gesto derradeiro de fé: "Senhor, de ti recebi a vida. A ti a entrego novamente".

Há algo original na morte de Jesus: seu caráter redentor. Ele morreu por nós, libertando-nos dos pecados em virtude do sangue derramado na cruz. Leva-se em conta, no entanto, que sua morte redentora faz parte de sua pessoa e de sua missão. A salvação começa com a encarnação e o nascimento de Jesus (Jo 1,14). Manifesta-se nos seus gestos e palavras salvadoras (Lc 19,9), alcança densidade única na morte de cruz e é confirmada pela ressurreição e glorificação. À luz da ressurreição, a morte é compreendida como a grande passagem, que arranca o ser humano do enclausuramento e lhe proporciona formas de ser novas e imprevisíveis.

Em poucas palavras: a morte, para Jesus, significou, simultaneamente, abandono, entrega, redenção e passagem para a vida glorificada. O que ela ensina a todo ser humano? Morrer é ato solitário. Mesmo que aconteça em companhia das pessoas amadas, a morte comporta abandono e perda. Ao mesmo tempo, Jesus fez de sua morte o ato último de entrega ao Pai e à humanidade. Ele, que "passou pela vida fazendo o bem" (At 10,38), transformou a condição de "ser abandonado" em "abandonar-se" nas mãos do Pai. Por fim, a partir de Cristo a morte não tem a última palavra sobre a existência humana. O Deus da vida libertou Jesus das amarras da morte e o conduziu para a glória. Assim, ele abriu para nós um caminho radicalmente novo. A morte se transforma em passagem para nova vida, a ressurreição.

43

Lidar com a morte dos outros

Após refletir teologicamente acerca da morte, abordaremos a seguir aspectos existenciais e práticos, visando ajudar os cristãos a enfrentar as situações de morte no âmbito familiar, comunitário e eclesial.

Lidar com a morte dos outros

Cada um de nós compreende o que é a morte a partir dos outros seres vivos. Uma criança começa a entender os limites da vida quando perde seu animal de estimação. Adultos, ao acompanhar parentes e amigos com enfermidade grave, questionam-se como estão conduzindo sua existência e que fim ela terá. A morte de pessoas a quem queremos bem possibilita experimentar dimensões básicas da morte. A doença e a perda dos outros permitem-nos pensar sobre a nossa morte, enquanto indivíduos e coletividade. Envelhecer, adoecer e morrer não se restringe a uma questão psicológica ou existencial, são também realidades de natureza espiritual e teológica. Oferecem-nos possibilidades de conversão, de dilatar a capacidade de amar, de exercitar a solidariedade. Levam-nos a perguntar sobre o último e definitivo da existência. Tocam, portanto, o núcleo da escatologia cristã.

Ajudar a quem está a caminho da morte

Sucede que, na família ou na comunidade, alguém é acometido de uma doença grave que leva à morte, como um câncer em estado avançado. Quem está à sua volta quer ajudá-lo, mas não sabe a maneira conveniente de agir. Diferentemente da morte por acidente ou violência, há ocasião de se preparar para a passagem rumo à outra vida. Como fazer deste difícil momento um tempo de graça, de encontro com Deus?

A Dra. Elisabeth Kuebler-Ross estudou durante muitos anos vários casos de pacientes que foram diagnosticados com doenças graves e passaram pelo processo que os conduziu à morte. Sua pesquisa reuniu dados psicológicos, clínicos e sociais. Ao final ela concluiu que o enfermo elabora o processo da morte em cinco fases. Para cada etapa há atitudes comuns, o que fornece orientações sobre a maneira mais apropriada de enfrentar a situação.

Vejamos, resumidamente, em que consiste cada fase do "processo de morrer" e como você pode ajudar a pessoa nessa situação.

1) Quando alguém recebe do médico a notícia de que está com doença grave, que pode levá-lo à morte, normalmente é tomado por uma reação de choque. Recusa-se a crer que notícia tão ruim seja verdadeira. Tende a se isolar. Apesar disso, pode ser que deseje conversar acerca da possibilidade da morte. Qual deve ser sua atitude, caso seja parente, amigo ou conselheiro dessa pessoa? Você deve se colocar à sua disposição, mas nunca forçá-la a falar sobre o assunto. A conversa acontece quando o outro quer e não quando você determinar. Por vezes, o enfermo começa a falar sobre o assunto e não consegue continuar. Nesta fase alterna-se o início de aceitação com forte rejeição. Crie as condições para ele se manifestar, mas não queira tomar a direção da conversa.

2) A segunda etapa se caracteriza pelo predomínio de sentimentos de ira, rancor, raiva. A pessoa briga com Deus e com o mundo, e se pergunta: "Por que logo eu? Nunca matei, roubei ou fiz algo de errado, por que isso aconteceu justamente comigo?". Compreenda que a irritação da pessoa não é contra você, pessoalmente. As provocações do doente manifestam simplesmente seu desespero. Então, é necessário exercitar muita paciência e tolerância. As perguntas levantadas pelo doente podem também ser as suas. Você talvez fique indignado e perplexo diante do sofrimento e da dor de pessoas do bem que não mereciam estar em tal situação. Muitas perguntas ficarão sem resposta.

3) A terceira etapa é marcada pela negociação. O enfermo tenta a todo custo prorrogar a morte inevitável. Momento propício para orações, simpatias, remédios populares, correntes de oração, preces poderosas de toda sorte. Amigos e parentes de diferentes credos oferecem seus serviços religiosos na tentativa de conseguir a cura. E o doente, tão fragilizado, tende a receber qualquer coisa que possa livrá-lo da morte. Por que não recorrer a todas as soluções religiosas possíveis? Neste momento a fé cristã é provada novamente, pois nem todas as tentativas de cura são compatíveis com a adesão a Jesus Cristo.

Vários doentes alcançam a cura nesta fase. Somam-se incontáveis fatores, de natureza psicossomática, psicológica e espiritual, que resultam em superação da doença. E como o homem ou a mulher se comportam após a cura? Alguns mudam de vida, pois aprendem com a experiência. Tornam-se

DA TERRA AO CÉU

mais pacientes, bondosos, sensíveis à dor dos outros. Aderem a um estilo de vida saudável, mudam a dieta alimentar e renunciam às atitudes que contribuíram com o adoecer, como raiva, ódio e descentramento. Há quem fez uma experiência espiritual profunda e continua a sustentá-la com a leitura da Palavra de Deus, a gratidão e a participação na Igreja. Esses homens e mulheres "nasceram de novo". Outros, infelizmente, não aprenderam com a experiência de passar perto da morte e escapar dela. Em pouco tempo retomam a vida passada, com seus limites e equívocos.

4) Imagine agora quem não foi curado na fase da "negociação". Recorreu a vários métodos, procedimentos alternativos e vias religiosas e não obteve resultado! Advém sobre ele um forte sentimento de perda irreparável. Tudo o que conquistou no passado, como saúde, reconhecimento profissional e riquezas, escapa-lhe das mãos como água entre os dedos. Nada, a não ser perdas, lhe aparece no horizonte futuro: a saúde, as pessoas amadas, a fama, o lugar conquistado. Esta fase é marcada por comportamentos depressivos, pela falta de estímulos para viver e acordar cada dia.

Como você deve se comportar com o moribundo neste momento? Aconselha-se respeitar o direito que ele tem de ficar triste. É uma falsa saída tentar impedir que manifeste tristeza, desânimo e choro. Importa estar ao seu lado, ouvi-lo, acolhê-lo. Esta fase depressiva é necessária para o enfermo, depois, aceitar a própria morte.

5) A última etapa caracteriza-se pela aceitação da morte. A pessoa vive momentos de calma, pois consentiu com sua situação. Em muitos casos, na aproximação da morte ela reage como se algo lhe sinalizasse o que vai acontecer. Nesta derradeira fase, o doente em estado terminal necessita de nossa oração para que se entregue confiadamente nas mãos de Deus. A presença física também é importante, pois a morte, este momento solitário de passagem, causa temor a todo ser humano. Quanto mais firme a convicção religiosa, tanto menos o moribundo se angustiará diante da morte iminente. A fé minimiza e dá sentido ao medo, mas não o suprime. A morte é um grande salto no escuro.

Neste último momento o conselheiro, amigo ou orientador espiritual deve se voltar também para o núcleo familiar. Se o doente terminal aceitou serenamente a morte, seus familiares estão vivendo o sentimento oposto:

46

desespero perante a inevitável perda e a separação. Convém ajudá-los a acolher este difícil momento.

As cinco fases (choque, ira, negociação, depressão, aceitação) não acontecem de forma linear e com a mesma intensidade. Por vezes, em casos de longa doença, alguém pode alternar uma fase e regredir para a outra, que já parecia superada. Para quem acompanha o enfermo, importa sempre estar aberto às suas necessidades. Não lhe destruir as esperanças nem enganá-lo dizendo que "está tudo bem". Por fim, aceitar quando ele deseja conversar sobre a morte iminente (BLANK, 2003, p. 32-41).

O cristão não se ocupa somente em saber o que acontecerá na morte. Ele também responde ao apelo de Deus para ajudar as pessoas que caminham para o fim da vida. Compreender as "etapas do morrer" e as posturas adequadas para cada momento constitui uma ferramenta indispensável para realizar tal tarefa.

A dor diante da morte

Quando morre alguém com quem temos fortes vínculos, como um grande amigo ou familiar próximo, é normal que soframos. Há pessoas que transparecem a dor da perda com intensidade. Choram, lamentam, se entristecem. Algumas tentam controlar as manifestações dos seus sentimentos. Outras, ainda, mantêm postura rígida, impassível, como se a dor da morte não as atingisse. Simulam que tudo está normal e que a vida seguirá do mesmo jeito. Envergonham-se de chorar ou ficar tristes. No lado oposto situam-se as que assumem a postura de vítimas. Permanecem anos a fio se lamentando pela perda da pessoa amada. Conscientemente ou não, chantageiam os que estão à sua volta, para que lhe deem atenção.

Uma perda significativa pode causar dor prolongada, tristeza profunda, desânimo, fraqueza física, indignação, revolta e momentos de ira. Quanto maior a perda, mais intensos poderão ser esses sentimentos. A situação desafia as pessoas religiosas. Um pai ou mãe podem expressar indignação ao perder de forma trágica o filho querido. Logo os parentes próximos lhe dizem: "Você tem pouca fé! Aceite a vontade de Deus!". Então, soma-se à dor da perda o sentimento de culpa.

Compreende-se o grito de dor em situação de sofrimento extremo e da morte de pessoas amadas. A Bíblia testemunha a tristeza e o pranto dos justos. Diante da aparente morte do filho José, Jacó veste-se de luto e chora sua morte por muito tempo; recusa o consolo dos outros filhos e filhas (Gn 37,34-35). O próprio Jesus se emociona e chora na frente do túmulo do seu amigo Lázaro (Jo 11,35). Madalena, a discípula amada de Jesus, chora copiosamente diante da tumba do mestre (Jo 20,11.15). Surgem também perguntas, questionamentos e dúvidas. Com o tempo – e não imediatamente – essas lhe darão ocasião de acolher a perda e amadurecer na fé.

Quanto mais forte o amor, tanto mais profundo o luto; quanto mais irrestrito o apego, tanto mais inconsolável a perda. Quem se entregou totalmente ao amor pelo outro morre pessoalmente nas dores do luto e nasce de novo, para ser outra vez trazido à vida e reencontrar a vontade de viver [...] Deve-se reservar tanto tempo para o luto como para o amor. O luto aceito e suportado restaura o amor pela vida após a morte (MOLTMANN, 2002, p. 138).

A maneira adequada de consolar quem chora e sofre com a morte de um ente querido não consiste em dar conselhos moralistas, visando impedir que venham à tona sentimentos diversos e dúvidas. É mais conveniente manifestar, com gestos e palavras, que você está ao lado dele, partilhando sua dor. Pode-se pedir que, a seu tempo, Deus lhe dê consolo e fortaleza para enfrentar (e não negar) tal situação. Há atitudes heroicas diante da morte de pessoas queridas, mas elas não são a norma para todos, pois o processo de elaboração do luto tem ritmos diferentes.

Quem já passou pela experiência de perder uma pessoa afetivamente próxima sabe que o dia da morte é muito duro. Se o amigo ou parente sofria doença conhecida e estava em estado terminal, o luto começou antes. Se a perda lhe vem de forma imprevista e rápida, como em um acidente de trânsito, predomina a sensação de "estado de choque". Há quem tome consciência de que perdeu uma pessoa amada depois do sepultamento ou no dia seguinte, pois até então estava "anestesiado" com o fato.

Algumas questões práticas devem ser resolvidas tão logo se comprove a morte clínica de uma pessoa da família. Conforme as circunstâncias, verifica-se se o falecido deixou declaração de doação de órgãos. A família também pode autorizar explicitamente essa prática. Doar órgãos para transplantes sinaliza um gesto generoso de caridade. Salva vidas e viabiliza existência melhor para pessoas necessitadas, que nem sequer conhecemos. O procedimento de doação tem de ser realizado com rapidez e exige a mobilização de equipes especializadas. Depois, o corpo é liberado, com o atestado de óbito. Alguém da família se ocupa em escolher a funerária, negociar os preços e condições, lidar com tudo o que diz respeito ao velório, à forma e ao lugar do sepultamento ou da cremação. Então, segue-se o velório e o sepultamento.

Há quem que se recuse a cremar o corpo de um parente alegando que esta prática é contrária à fé cristã, porque o pó da cremação não seria ressuscitado por Jesus no dia de sua vinda. Do ponto de vista biológico, trata-se somente de uma questão de velocidade. Ao invés da decomposição debaixo da terra, sob ação dos micro-organismos, há um processo de combustão, resultando em fumaça e cinzas. Os átomos voltarão ao ciclo da natureza de forma mais rápida. De uma maneira ou de outra, o corpo de um defunto "volta a ser pó" (Gn 3,19). A decisão de cremar ou sepultar o corpo não depende de um fundamento religioso. Antes, levam-se em conta questões afetivas e culturais.

Para a maioria, é importante que os restos mortais de alguém "repousem" debaixo da terra. Que haja um lugar onde ele seja recordado e sua lembrança, reverenciada. Perdura no imaginário coletivo a ideia de que os mortos "dormem", o que não corresponde à realidade crua, pois o corpo se decompõe. O "sono eterno" consiste numa analogia, numa metáfora, não em fato real, pois dormir é um estado de ser vivo, não de quem já morreu. Portanto, sepultar ou cremar o corpo não interfere na nossa fé na ressurreição dos mortos. O que está em jogo não é o corpo material, que começa a se decompor com a morte, e sim o corpo como identidade pessoal e parte da história da humanidade.

Velório e luto

O velório deixou de ser uma prática social e religiosa aceita por todos. Há quem diga: "Não quero velório quando morrer. Odeio o fingimento das pessoas que o frequentam, fazem somente por obrigação social". Outros detestam velórios devido às dificuldades em lidar com o sofrimento, as perdas e a possibilidade da morte em sua existência. É certo que o ambiente de velório tende a apresentar grande densidade emocional. Nos casos de morte trágica provocada por assassinato, suicídio ou acidente de trânsito, eclodem sentimentos de tristeza, culpa, indignação, revolta e perplexidade.

O velório visa iniciar a elaboração da perda para vivenciar o luto. Destina-se, sobretudo, aos que ficam. A existência humana é feita de encontros e desencontros, chegadas e partidas. Quem não se recorda de um momento alegre na vida, no qual foi ao encontro de alguém, muito querido, depois de um tempo de ausência? Ou, então, derramou lágrimas ao se despedir de um parente ou amigo que saiu em viagem? Quem teve de abandonar temporariamente a família em busca de novas oportunidades profissionais sabe bem o que significa a dor da distância. Ora, a morte é uma partida, viagem sem volta em direção à eternidade, saída deste mundo dos viventes. O velório e o sepultamento consistem num grande rito de despedida dos vivos em relação ao morto. É preciso deixar que nossos defuntos partam. Simplesmente, dar adeus. Chorar a perda. Agradecer a presença. Depende de nós, parentes e amigos do falecido, fazermos do velório um rito com sentido e não um acontecimento social, meramente externo e vazio.

Depois do sepultamento acontece outro momento difícil para os familiares. Ao voltar para casa, estão tão cansados, com o corpo doído por causa da tensão vivida, que tendem a dormir profundamente na primeira noite. Mas, ao acordar, além do cansaço natural, vem a sensação de vazio. Ninguém preenche o lugar da pessoa amada. Cantos da casa, fotos e objetos trazem fortes recordações, saudades. Dor da perda, que será acolhida e diminuirá lentamente. A separação física aconteceu, foi inevitável. Agora é o momento de elaborar a separação afetiva. Brotam novas perguntas, tais como: "Por que isso aconteceu comigo?", "Como vou viver agora sem ele?". Nesse processo de acolher a morte e a perda, é importante dar o salto para uma nova questão: "O que posso fazer agora, já que isso aconteceu?".

Sugere-se que durante a primeira semana não haja muitas visitas à casa da família. Se necessário, que sejam breves, sem longas conversas e discursos. É bom deixar que os familiares expressem seus sentimentos e se sintam à vontade. Evitem-se interrogatórios e perguntas invasoras da intimidade. Recomendam-se os momentos de oração em comunidade, sem exageros. Eles fortalecem as pessoas, dão-lhes consolo, alívio na dor e estímulo para retomar a vida.

Segundo os tanatologistas, o período mais difícil para a maioria das pessoas compreende os três primeiros meses após a morte de alguém. A frequência de amigos e visitantes diminui progressivamente, até praticamente desaparecer, pois a vida, para eles, continua igual. É normal que haja momentos de choro ou angústia, entremeados de outros relativamente tranquilos. Celebrar festas de aniversário ou comemorações com forte teor afetivo, tal como o Natal e o Ano-Novo, parece um obstáculo intransponível. Lentamente, essas ocasiões serão integradas na sua vivência pessoal. Para alguns, ficará para sempre alguma marca, como uma cicatriz de ferida já curada.

A partir do quarto mês após a morte é que a pessoa elabora melhor os "mecanismos de sobrevivência" diante da perda. Alternam-se dias bons e ruins. Diminui a dor da lembrança de quem partiu. Cresce uma convicção: a vida continua! Volta-se ao convívio normal. A pessoa se dá o direito de experimentar novamente as coisas boas da vida, sem culpa.

O primeiro aniversário da morte não deve ser comemorado com longas sessões de nostalgia. Antes, é ocasião de agradecer a Deus pela pessoa amada e pelas boas marcas deixadas na nossa existência. Oportuniza também analisar como vivenciamos este ano, o que aprendemos com a experiência da morte do outro.

Com o tempo, o luto chega ao fim. A lembrança deixa de ser somente a dor para se tornar referência para o presente e o futuro. Ausência que ao mesmo tempo se faz companhia.

A morte na sociedade atual

Até agora refletimos sobre a morte como um acontecimento individual e interpessoal, que marca o fim da existência neste mundo e, por graça de Deus, se abre para a vida eterna. No entanto, para compreender de forma ampla este fenômeno, se faz necessário conhecer os condicionamentos culturais que ajudam ou dificultam o cristão a acolher a "irmã Morte", como dizia Francisco de Assis.

Durante muitos séculos depois, a cultura ocidental desenvolveu uma visão trágica e pessimista da morte. Na Idade Média, o medo de morrer alimentava o cotidiano. Quando aconteciam guerras, muita gente morria, e isso causava enormes perdas nas famílias e nas comunidades locais. Vários surtos de doenças contagiosas, provavelmente causadas por vírus ou bactérias, que eram chamadas de "pestes", dizimaram cidades e regiões inteiras. Não havia saneamento básico nem água tratada, nem canalização de esgoto. Desconhecia-se a importância da higiene e do banho pessoal, bem como a forma como as doenças infecciosas se transmitiam. Bastava uma pequena alteração climática e a produção agrícola estava comprometida, provocando fome, desnutrição e consequente morte. Então, atribuía-se à ira divina esses fenômenos de destruição em massa: *a guerra*, *a peste* e *a fome*. A morte era representada como um personagem feio, magro, vestido de preto, com fisionomia de caveira, que trazia consigo uma foice e ceifava impiedosamente as pessoas e os povos.

O que restou dessa visão no imaginário brasileiro? O medo da morte, alimentado por lendas a respeito de um suposto "mundo dos mortos". Em cidades do interior e nas comunidades rurais, ainda se espalham histórias de assombração e de almas penadas. A partir desse imaginário popular tão fértil é que o desenhista brasileiro Maurício de Sousa, criador da "Turma da Mônica", concebeu o personagem Penadinho, não uma "alma penada" que mete medo, mas sim um simpático fantasminha que habita o cemitério.

As imagens a respeito da morte, que recebemos desde a infância e se difundem no imaginário social, influenciam a maneira de encarar o morrer, até mesmo para quem tem fé. O medo da morte não é somente um fato psicológico, mas também cultural e social. Está impregnado na cultura. Na sociedade tradicional, predominantemente rural e pré-industrial, as pessoas conviviam com situações de morte e tinham a ocasião de elaborar lentamente o sentido para esse fato. O luto era a condição necessária para acolher a morte dos entes queridos. Isso mudou muito nos últimos cinquenta anos. Vejamos a razão.

Mudanças na concepção de morte na sociedade urbana

Nos últimos anos, aconteceu grande mudança na concepção de morte, sobretudo por causa do processo de urbanização e do desenvolvimento da medicina. Basta recordar como era o processo de morrer algumas décadas atrás e comparar com a situação de hoje. Para a geração dos nossos avós, que na sua maioria morava em pequenas cidades ou em fazendas, a doença e a morte eram vividas de forma familiar e comunitária. Se alguém fosse acometido por alguma doença grave, tratava-se em casa, com remédios tradicionais. Quem tinha a possibilidade de consultar um médico usava alguns medicamentos e permanecia internado por um breve período no hospital. À medida que definhava, por velhice ou doença grave, a pessoa voltava para casa e era acompanhada pela família, por parentes, vizinhos e amigos. Rezava-se por sua saúde.

Com excessão da morte por acidente ou por violência, grande parte da população falecia em casa. O fato era acompanhado por todos, as crianças inclusive, que aprendiam desde cedo a conviver com a possibilidade da morte. A morte acontecia no seio da família. Era também um ato público. Todos podiam ver o moribundo e acompanhar seus últimos dias. O velório também acontecia nas casas ou em pequenas capelas próximas. Não sendo ocultada, a morte atingia cada um. Em várias cidades pequenas do Brasil, o cemitério foi construído ao lado das igrejas ou sobre o monte. Inconscientemente, a população tinha diante de si, cotidianamente, a possibilidade da morte. Estava no seu horizonte visível.

Em meio século a situação se alterou consideravelmente. Apesar do atendimento médico ainda deficiente em muitas regiões do país, a medicina evoluiu e se ampliou a rede de tratamento da saúde. Novos equipamentos e exames de laboratório permitem diagnosticar as doenças com precisão. Pesquisas científicas ocasionaram a descoberta de medicamentos que dilataram o tempo de vida. A média de expectativa de vida do brasileiro aumentou consideravelmente nas últimas três décadas.

Nas capitais e grandes cidades se implantaram Centros de Terapia Intensiva (CTIs). Nesses espaços, pacientes em estado grave são submetidos a um controle minucioso, e muitos conseguem recuperar a saúde. Quem já entrou em um CTI para visitar familiar deve ter sentido que predomina o ambiente técnico. O paciente está cercado de aparelhos que lhe injetam soro ou sangue, controlam pressão arterial e ritmo cardíaco, auxiliam na respiração, ajudam a eliminar líquidos etc. O hospital se torna o lugar de recuperação da saúde ou do fim da vida. Assim morrem muitas pessoas nos hospitais: sozinhas e cercadas de aparelhos. A morte, que era familiar e pública, se tornou privada. Excluíram-se os parentes e amigos. Atualmente, há um movimento de humanização nos CTIs de vários hospitais do país.

Muitas vezes a morte acontece de forma solitária e anônima. O falecido desaparece rapidamente de cena. As crescentes exigências sanitárias levaram à supressão dos velórios nas casas, pois se descobriu que muitos defuntos, vítimas de doenças infecciosas, poderiam espalhar perigosos micro--organismos e contaminar os vivos. O velório se realiza, principalmente, nas capelas mortuárias dos cemitérios. Nas cidades grandes, as capelas estão situadas longe dos bairros onde moram os parentes, vizinhos e amigos do falecido. Então, pouca gente participa do velório, que é um momento importante de despedida, para elaborar a perda, como já descrevemos no início do capítulo. Acrescentam-se a esse outros fatores, tais como: trânsito complicado, acesso difícil ao local, impossibilidade de estar presente durante a noite. Ultimamente, até questões de segurança comprometem o processo de despedida (luto), que representa o velório. Era costume na sociedade brasileira que o falecido fosse velado, até a hora do enterro, por parentes e amigos próximos. Hoje, por causa dos constantes riscos de assaltos na madrugada, até mesmo nos cemitérios, as pessoas se veem forçadas a voltar para casa, deixando o defunto sozinho até a manhã seguinte. Ou são constrangidas a permanecer toda a noite na capela mortuária, que por vezes é trancada.

A morte solitária e privada no hospital, acrescida da redução do rito de despedida do velório e do sepultamento, torna a aceitação da perda ainda mais difícil. Por isso as Igrejas cristãs devem promover o ministério do acompanhamento aos familiares dos falecidos.

A violência e a banalização da morte

Se, de um lado, vivemos mais distantes dos amigos e parentes que falecem, a morte daqueles que não conhecemos invade o cotidiano através dos jornais, do rádio e da TV. Normalmente aparece como notícia sensacionalista, trágica, terrível. Jornais baratos se especializam nessa forma de anunciar a morte dos desconhecidos. As manchetes são fortes e desrespeitosas: "Matou a mãe e suicidou-se", "Pedreiro assassina a namorada a paulada" etc. A banalização da morte também acontece nos seriados de TV e nas novelas. Os personagens do mal facilmente eliminam aqueles que estão no seu caminho.

A morte é banalizada também quando se torna um espetáculo! Perde algo de sua tragicidade. É travestida com algo *light*. Veja esta notícia do jornal *Folha de S.Paulo*:

> Brinquedos para crianças, sorteio de brindes, música e apresentação de balé e circo são algumas das atrações dos cemitérios hoje no Dia de Finados. A ideia é entreter o público para tornar a data mais agradável e menos triste. Em Campinas, as crianças terão pula-pula, cama elástica e oficina de pipas. Para os adultos, chuva de pétalas de rosa e exame de pressão arterial. Em Guarulhos, haverá sorteios de panelas e cafeteiras. À tarde, bailarinas se exibem presas às cordas de um balão, no espetáculo "Mulheres do Sol". Para as crianças, psicólogas contarão histórias para ensiná-las a trabalhar com o luto. São esperadas cerca de 50 mil pessoas. Em São Paulo, no Morumbi, terá violinistas pela primeira vez. Cinco cemitérios na capital e na Grande São Paulo darão *ecobags* de garrafas PET. Segundo um pesquisador do Instituto de Estudos da Religião, o Dia de Finados tem ganhado novos significados. "É uma outra maneira menos chorosa de falar da morte e mais coerente com a sociedade do prazer e do espetáculo", afirma (02/11/2011).

A banalização da morte significa não valorizar a vida dos seres humanos, supremo dom de Deus. No meio dos mais pobres acontecem mortes precoces e injustas de crianças e de adolescentes, de doentes que não recebem o tratamento médico adequado, de homens e mulheres vítimas da violência. Algumas situações corroem a vida lentamente, tais como as deficientes condições de vida, de moradia e de alimentação, ou a falta de segurança pública. Outras causas são imediatas, tais como um tratamento médico equivocado ou um assassinato. Afirmar que tais mortes são a "vontade de Deus" seria responsabilizá-lo por ações que remontam a homens e mulheres concretos e às estruturas sociais. Essas mortes clamam aos céus. Blasfema-se contra o Deus da vida.

No meio dos mais ricos dissimula-se a morte com o uso de recursos estéticos para esconder o envelhecimento e a adoção de medicamentos rejuvenescedores. Desenvolve-se o culto do corpo e a ilusão da eterna juventude. A morte é incômoda, pois perturba o desejo de fruição sem limites, do consumo ilimitado.

O que a fé cristã tem a dizer sobre isso? A morte faz parte da condição humana, por isso deve ser aceita. Mas é necessário distinguir a morte em si daquelas provocadas pelas injustiças e pelas maldades humanas. Deus não as deseja nem as aceita.

Na Bíblia se denuncia várias vezes a morte que é provocada pela violência humana. Ela desagrada ao Senhor. Jamais se aplica a essas mortes de assassinato a justificativa de "vontade de Deus". Caim matou Abel por inveja (Gn 4,2-16), e esse crime desagradou a Javé. Quando a morte é ordenada por quem detém o poder político, como o rei, aumenta a indignação divina. O profeta Elias lança uma maldição sobre o rei Acaz e sua mulher, Jezabel, pois mataram Nabot por ganância e se apropriaram de suas terras (1Rs 21,1-24). O profeta Natã faz Davi ver que ele cometeu uma grande iniquidade ao provocar o assassinato de Urias para esconder a violência sexual cometida contra Betsabeia (2Sm 12,1-12). Jesus clama contra o poder político e religioso situado em Jerusalém, que "mata os profetas" (Lc 13,34) e condena à morte o próprio Jesus.

O cristão é chamado a criar condições de vida digna para todos. Não considera como normal a violência contra crianças, jovens, mulheres e idosos. O Deus da vida, revelado em Jesus, quer que todos tenham vida, e vida em plenitude (Jo 10,10). É necessário defender a vida e denunciar as situações desumanas que levam as pessoas à morte.

Orientações e sugestões pastorais

O curso de Escatologia visa ajudar o estudante de teologia a compreender o fenômeno da morte à luz da fé, em diálogo com outros saberes humanos. Fornece elementos para alimentar a esperança e aprofundar sua experiência religiosa. Também oferece subsídios para que os cristãos e as Igrejas façam do momento da doença e da morte uma ocasião de exercitar o amor solidário e testemunhar o Evangelho. Nesse sentido é que seguem breves sugestões, de caráter prático, dirigidas aos evangelizadores (agentes de pastoral, pastores, presbíteros e religiosos[as]):

a) Várias Igrejas promovem o ministério de visita aos doentes em hospitais. É um exercício gratuito de amor cristão, que responde ao apelo de Jesus: "Estive enfermo e me visitastes (Mt 25,36)". O cuidado com os enfermos em hospitais não visa, em primeiro lugar, ganhar adeptos para sua Igreja, aproveitando-se da situação de fragilidade e insegurança do paciente e de sua família. Se o enfermo se converte, ou alcança a cura, damos graças a Deus. Mas esta não é a primeira finalidade deste ministério. A prioridade reside em testemunhar o amor de Cristo para quem sofre. Importa estar presente, orar pelo enfermo e com ele, visando à cura ou à aceitação de sua condição, que pode levar à morte.

b) Caso você exerça o ministério ou a pastoral dos enfermos e acompanhe doentes em estágio terminal, leve em conta os "estágios do morrer", sistematizados por Elisabeth Kuebler-Ross e apresentados brevemente neste artigo. Para cada etapa, há atitudes e posturas mais adequadas. Respeite o enfermo. Compreenda as reações características de cada momento. Ajude os que estão na etapa final da vida a acolher a morte e entregar-se nas mãos de Deus. Assim, você será um sinal do Evangelho para o enfermo e sua família.

c) Várias Igrejas têm orações específicas para o momento do velório e do sepultamento. Recebem diversos nomes, como "Celebração de Exéquias" e "Ritos Fúnebres". Presidem essas celebrações o padre, o pastor ou alguém que recebe o ministério em nome da Igreja. Normalmente, constam de leituras bíblicas, salmos, cânticos e orações. Você deve conhecer e utilizar o que a sua Igreja oferece. No meio católico, costumam-se entoar orações devocionais, como o rosário. Quando possível, realiza-se a "missa de corpo presente". Nas Igrejas anglicana e protestantes históricas (luterana, metodista, presbiteriana), também se ora comunitariamente com ofícios ou celebrações.

Se você é ministro de exéquias, cumpra sua missão com unção. Não se preocupe em dar respostas a todas as eventuais perguntas sobre a morte que surjam neste momento. Ore com as pessoas ali reunidas. Conforme a visão da sua Igreja, ore pelo falecido, para que ele seja acolhido na glória do Pai. Mais importante do que seguir regras e cumprir o rito é sua presença, seu gesto cristão de sintonizar-se com a dor dos outros. São proferidas poucas palavras, com densidade e sentido. Cânticos são entoados. Por vezes, testemunhos dos presentes sobre a vida do falecido são ouvidos. É a oportunidade de elaborar o luto. A oração comunitária consola e fortalece amigos e familiares, sem que seja necessário dar muitos conselhos e exigir um comportamento padrão.

d) A pluralidade religiosa atual chegou ao velório e ao sepultamento. Por vezes, o falecido tem na sua família pessoas de distintas Igrejas cristãs, como católicos e evangélicos de diferentes denominações, ou membros de outras religiões, como espíritas e umbandistas. Convém respeitar tais diferenças e não fazer desse momento de dor um espaço de doutrinação e de luta religiosa. Antes de iniciar a oração, informe-se sobre a crença dos familiares mais próximos. Se forem de Igrejas diferentes, busque a linguagem e a abordagem comum ao Cristianismo, com leitura bíblica, salmos e cânticos. Evite posicionar-se em questões polêmicas. Lembre-se de que sua presença cristã se fará, sobretudo, pelo gesto de solidariedade, de compaixão, como também pela prece. Pode suceder que os parentes não queiram qualquer tipo de manifestação religiosa.

e) Em alguns lugares do Brasil acontecem celebrações ecumênicas no velório e antes do sepultamento. Constituem momentos intensos de oração cristã. Devem ser preparados, com antecedência, pelas partes envolvidas. Normalmente, constam de hinos e cânticos, proclamação da Palavra de Deus, recordação da vida do falecido, palavra de consolo e de esperança. Quando há várias Igrejas e denominações juntas, deve reinar o respeito entre elas. Evitem-se longas pregações.

f) Algumas Igrejas organizam equipes que acompanham os familiares durante o período crítico após a morte. Recebem distintos nomes, como *ministério da esperança* ou *pastoral da consolação*. Se você participa desta missão, leve em conta as observações que fizemos anteriormente no item "Velório e luto". Com sua equipe, visite a casa da família nos primeiros dias após a morte. Marque presença especial nos três primeiros meses. Se for o caso, ofereça a possibilidade da celebração de aniversário de um ano da morte.

58

Vocês ajudarão os familiares a "deixar o outro partir", a aceitar a perda, viver o presente e projetar-se para o futuro. Em alguns lugares, "o ministério da consolação" é exercido de forma coletiva, com a formação de grupos de autoajuda de pessoas enlutadas, animados por alguém que já passou pelo luto. Privilegia-se a partilha, de forma que um auxilia o outro, respeitando o ritmo próprio de cada participante.

g) Os católicos têm o hábito de celebrar a "missa de sétimo dia". Para eles, tal prática religiosa tem sentido, pois faz parte da elaboração do luto e expressa a maneira como entendem a morte e a ressurreição. Com as mudanças culturais em andamento, esta "celebração da esperança da ressurreição" perde a obrigação social que tinha até então e se torna um momento orante, destinado, sobretudo, aos vivos. Por isso, soa estranho e incoerente quando alguém "manda rezar a missa de sétimo dia" e não se faz presente. Já os evangélicos rejeitam tal celebração, pois não acreditam que se deve rezar pelos mortos. Também neste caso devem ser respeitadas as diferentes concepções acerca da morte e da vida eterna.

Conclusão aberta

A morte é uma realidade difícil de se compreender e custosa para se acolher. No entanto, faz parte da nossa existência, ao mesmo tempo que a conclui. Estamos inseridos no inevitável ciclo vida-morte e participamos do mistério da maldade e do pecado no mundo. Fascinante é viver, desafiante é morrer com dignidade e inteireza.

Diante da morte dos outros, somos chamados a exercitar o amor solidário, a compaixão, a presença de qualidade. O silêncio e a perplexidade, perante tantas perguntas não respondidas, podem colocar a fé à prova. No entanto, proporcionam ocasião de crescimento, de repensar a própria existência e amadurecer na opção por seguir a Jesus. Ao enfrentar a triste realidade do final da existência de alguém, temos oportunidade de refletir sobre o que estamos fazendo da nossa vida.

A esperança na ressurreição não anula os desafios colocados pela morte. A fé confere esperança e sentido para o existir e o morrer. Compreendemos, então, as palavras de Jesus: o grão de trigo tem de morrer para depois germinar (Jo 12,24-26).

Oração

Ore com o Sl 16, que proclama a esperança que a vida não termina com a morte.

Ore com o Sl 49, que mostra como a ilusão do poder e da riqueza se esclarece com a morte.

Faça com seu grupo uma oração espontânea.

Textos complementares

1. Um testemunho pessoal

"Faz muitos anos, soube que estava à morte um monge idoso que tinha sido célebre como compositor litúrgico. Teve um câncer de pulmão que logo se espalhou. Um dia, ouviu-se o toque do sino grande do mosteiro. Em poucos minutos, o abade e toda a comunidade estavam reunidos em torno do seu leito. Ele sabia o que aquilo significava: era a encomendação de sua vida, que nos mosteiros se faz na hora da morte. Os monges entoam o cântico de Simeão: "Agora, Senhor, podes deixar partir teu servidor, segundo a tua palavra". Ele acompanhou a cerimônia. Quando os monges acabaram, ele não tinha morrido. Abriu os olhos e fez sinal de que queria dizer alguma coisa. Todos ficaram muito atentos e intrigados. E o abade disse: "Ele é um homem de grande espiritualidade e certamente quer nos deixar uma palavra de sabedoria sobre a vida e a proximidade da irmã Morte". Inclinou-se para escutar o sussurro de sua voz quase inaudível. E o monge falou: "Já que eu ainda não morri, aceito um bom cálice de vinho tinto e uma maçã assada". Diante do espanto geral, foram buscar. Ele comeu, bebeu e morreu.

Conheci outro monge que estava moribundo. Quando a comunidade fez essa oração ao pé do seu leito e o entregou a Deus, ele disse as seguintes palavras: 'Bem-vinda, irmã Morte. Dá-me mais um dia para eu me converter e me reconciliar com quem não amei bastante. Depois, vem me buscar'.

Nós estranhávamos o costume dos monges recrearem diariamente passeando sobre os túmulos dos irmãos falecidos. Tínhamos de aprender a conviver assim com a irmã Morte. Aos poucos, percebi que essa visão teológica tinha aspectos de pouca valorização da vida real. Uma espiritualidade bíblica deveria ser o contrário: viver e morrer em função da vida.

Nos últimos anos, por várias vezes vi a morte bem de perto e tive medo. Não adianta discorrer sobre este medo porque ele é instintivo e irracional. Desta vez, apesar de as pessoas que me são mais próximas dizerem que a operação era segura, que os médicos fazem isso diariamente, eu tinha a clara sensação de que não iria sobreviver. E, na minha racionalidade, sofria pelas pessoas que me amam e que ficariam. Compreendia que morrer em uma cirurgia como essa me faria partir sem nem saber o que estava acontecendo. Os outros é que sofreriam. Pela primeira vez na vida, recebi a Unção dos Enfermos e, a partir daquela unção, me agarrei à vida e à opção de viver. Mesmo sem negar a possibilidade de partir.

Agora me sinto em uma espécie de tempo de prorrogação do jogo, mas pretendo lutar para que este dure bastante. Recordei-me de dois filmes. Um clássico: *O sétimo selo*, de Ingmar Bergman. Aí a morte joga xadrez com um cavaleiro medieval. Senti-me um pouco assim. Mas lembrei-me também de *Elsa & Fred*, de Marcos Carnevale. Aos 82 anos, Elsa namora um viúvo e, ao ver sua hipocondria e seu cuidado em não comer isso ou aquilo, lhe diz francamente: 'Você não tem medo de morrer. Tem medo de viver!'. Isso é o que devemos evitar" (MARCELO BARROS, teólogo e biblista).

2. Velório e luto

"O velório pertence ao mundo dos 'sobreviventes', porque é nesse momento que terão a oportunidade de iniciar a elaboração do luto, de forma mais concreta. Será no luto que não hesitaremos em derramar lágrimas, em manifestar explícita ou ostensivamente a nossa dor. Ficaremos ao lado do corpo inerte daquela pessoa querida que nos deixou, murmurando-lhe nossas últimas palavras, dizendo-lhe do nosso amor, do vazio que a sua ausência representará para nós. E, muitas vezes, pedindo-lhe desculpas pelas coisas que julgamos ter feito – e que possamos realmente ter feito – e que a magoaram em algum momento de sua vida.

O velório é um momento riquíssimo na elaboração do luto. Por isso mesmo ninguém deve ser privado de participar dele. Não se deve dar sedativos para alguém que julgamos estar sofrendo muito, tampouco impedir sua ida junto do corpo e participar de seu sepultamento. Mesmo as crianças podem e devem participar do velório, se assim elas quiserem. Essa participação, desde que voluntária, será muito importante para elaborarem suas questões com a morte.

Se a morte foi violenta e o corpo apresenta algumas deformidades, isso deve ser explicado aos adultos e crianças que irão vê-lo. Procura-se, assim, atenuar o impacto negativo dessa imagem. Não ver o corpo do falecido, não assistir ao seu sepultamento pode trazer, para alguns, problema sério no futuro. Cria-se a fantasia de que a pessoa não morreu, que ela está escondida em algum lugar. Esconde-se, porque já não o ama e não o quer ver mais.

Negar uma realidade, fazer de conta que ela não existe, não anula a sua ocorrência nem atenua os seus efeitos. É preferível enfrentá-la quando ela se manifesta, elaborando-a progressivamente, do que ignorá-la e permitir que suas consequências emocionais se agigantem dentro de nós, causando danos, muitas vezes irreparáveis.

Ninguém consegue nem deve ser forte diante de uma grande dor. As emoções que afloram devem ser expressas, pois toda dor tem um princípio e um fim. Quando expressamos nossa dor, estamos trabalhando para esgotá-la. Emoção sem expressão vira depressão. E a depressão pode matar. Se a pessoa (que perdeu alguém) quer chorar, ao invés de impedi-la dê-lhe seu ombro para ela chorar. E, se for o caso, chore junto com ela. Nenhuma ajuda é mais valiosa nos momentos de dor do que uma companhia silenciosa, autenticamente solidária, associada a um contato físico respeitoso e compassivo" (condensado de D'ASSUNÇÃO, Evaldo. *Dizendo adeus. Como viver o luto, para superá-lo*. 2. ed. Belo Horizonte: PUC Minas, 2002. p. 26-28).

3. Experiências no limite da morte clínica

"Quando uma pessoa doente está em estado terminal, acontece um lento processo, no qual os distintos órgãos deixam de funcionar separadamente, até alcançar a chamada morte orgânica. É muito comum, por causa dos avanços da medicina, que uma pessoa com vários órgãos já sem vida seja artificialmente sustentada durante anos. A morte se consuma quando não se registram mais ondas elétricas celebrais. Mesmo assim, existem casos de reavivamento após esse estado. Distingue-se, dessa maneira, a morte clínica e a morte vital propriamente dita. Esta última se caracteriza pela perda irreversível das funções vitais, sendo impossível voltar à vida. A morte comporta uma 'ida sem volta'.

O que dizer de pessoas que contam a experiência de ter morrido e, depois, voltaram a viver? Há alguns estudos que relatam experiências de pacientes reanimados após a morte clínica. Por causa dos esforços médicos e de outros fatores ainda não identificados, foram trazidos de volta à vida. Os elementos comuns à maioria dos casos são os seguintes:

- a pessoa tem a sensação de se encontrar fora de seu corpo;

- aparece-lhe um caloroso espírito de luz;

- sem usar palavras, este lhe pede que 'reexamine sua vida', e o ajuda, mostrando uma recapitulação panorâmica e instantânea dos principais acontecimentos de sua vida;

- sucede uma ampliação do horizonte de eu humano, ligado geralmente a um estado de felicidade.

Alguns cientistas afirmam que essa sensação de felicidade e bem-estar na passagem da morte pode resultar da produção de substâncias do próprio corpo, como forma de diminuir a dor que o momento comporta. O tal 'ser de luz' poderia configurar uma forma de alucinação. Não uma presença externa, mas algo elaborado pelo indivíduo.

Do ponto de vista científico, deve-se afirmar que tais experiências acontecem aquém da fronteira da morte vital. Compreendem a zona limite entre morte clínica e morte vital, uma 'terra de ninguém entre este e o outro mundo' (A. Laepple). Expressam uma 'vivência na morte', mas não uma vivência 'após a morte'.

Alguns autores, como Renold Blank, consideram essas experiências no limite da morte como um sinal positivo em favor da fé cristã. A descrita 'luz', caracterizada por total amor e aceitação, expressaria o amor e a misericórdia de Jesus, que acolhe a pessoa na sua passagem desta vida para a outra. O 'ser de luz' seria o Cristo Ressuscitado.

Dessas pesquisas, ainda em andamento, pode-se tirar ao menos uma lição. Do ponto de vista existencial e psicossomático, morrer não é algo imediato, mas sim um período mais ou menos longo com o qual a pessoa se confronta com a possibilidade real do fim da vida e é interpelada a aceitá-lo" (<www.afonsomurad.blogspot.com>).

Reflexão em grupo

1. Compartilhe com seu grupo a experiência mais forte que você teve diante da morte. Conte o fato e os sentimentos que você provou.

2. Destaque as descobertas mais importantes a partir da leitura deste capítulo.

3. Pesquise na Internet como aparece o tema "morte" em diferentes religiões. Compare com a visão cristã.

Para aprofundar

ARIÈS, Philippe. *História da morte no ocidente*. São Paulo: Ediouro, 2003.

BLANK, Renold J. *Escatologia da pessoa. Vida, morte e ressurreição*. 4. ed. São Paulo: Paulus, 2003. p. 7-70.

BOFF, Clodovis. *Escatologia. Breve tratado teológico-pastoral*. São Paulo: Ave-Maria, 2012. p. 31-59.

BOFF, Leonardo. *Vida para além da morte*. 15. ed. Petrópolis: Vozes, 1996. p. 34-42.

D'ASSUNÇÃO, Evaldo A. *Dizendo adeus. Como viver o luto, para superá-lo*. 2. ed. Belo Horizonte: PUC-Minas, 2002.

_____. *Sobre o viver e o morrer. Manual de tanatologia e biotanatologia para os que partem e os que ficam*. Petrópolis: Vozes, 2010. p. 93-131.

FRANÇA MIRANDA, Mario de. *A salvação de Jesus Cristo. A doutrina da graça*. São Paulo: Loyola, 2004. p. 71-79.

KEHL, Medard. *O que vem depois do fim?* São Paulo: Loyola, 2001. p. 74-81.

KUEBLER-ROSS, Elisabeth. *Sobre a morte e o morrer*. 8. ed. São Paulo: Martins Fontes, 2002. p. 15-142.

LELOUP, Jean-Yves; HENNEZEL, Marie de. *A arte de morrer. Tradições religiosas e espiritualidade humanista diante da morte na atualidade*. 10. ed. Petrópolis: Vozes, 2009. p. 13-59.

LIBANIO, João Batista; BINGEMER, Maria Clara L. *Escatologia cristã*. Petrópolis: Vozes, 1985.

MANZATTO, Antonio et al. *De esperança em esperança.* São Paulo: Paulus, 2009. p. 14-49.

MOLTMANN, Jürgen. *A vinda de Deus. Escatologia cristã.* São Leopoldo: Unisinos, 2002. p. 65-113, 137-144.

OLIVEIRA, Marcos Fleury; CALLIA, Marcos H. P. (org.). *Reflexões sobre a morte no Brasil.* São Paulo: Paulus, 2005. p. 55-91.

III

A ressurreição

Carlos Cunha

Ora, se se proclama que Cristo ressuscitou dos mortos, como podem alguns dentre vós dizer que não há ressurreição dos mortos? Se não há ressurreição dos mortos, também Cristo não ressuscitou. E, se Cristo não ressuscitou, vazia é a nossa pregação, vazia também é a vossa fé (1Cor 15,12-14).

Introdução

A cada ano a Terra experimenta, nos seus hemisférios, as estações do ano. O movimento do nosso planeta em torno do sol, translação, estabelecem-nas: primavera, verão, outono e inverno. Cada uma, a seu modo, oferece ao planeta os elementos indispensáveis para o equilíbrio. Com exceção de algumas regiões, cada estação apresenta características bem definidas. A primavera, do latim *primo vere* ("no começo do verão"), é a estação mais florida do ano. Nela os animais se reproduzem e os pássaros constroem os seus ninhos. O verão, do latim *veranus tempus* ("tempo primaveril"), com dias longos e quentes, é a época que mais chove. A evaporação das águas contribui para o florescimento e frutificação das árvores. O outono, do latim *autumno* ("tempo da colheita"), caracteriza-se pela maturidade das folhas e pelos frutos, que começam a cair durante os dias curtos e frescos. O inverno, do latim *tempus hibernus* ("tempo hibernal"), com dias curtos e noites longas, é a estação mais fria.

Essa breve introdução às estações do ano serve-nos de metáfora para os temas da escatologia cristã que aqui desenvolveremos. Imaginemos os efeitos das estações sobre um jardim. Na primavera, ele é florido e colorido por causa do desabrochar das diversas espécies que o cobrem como um manto.

A vida está por todos os lados. Depois do período sombrio e frio do inverno, tudo renasce na primavera. A primavera pode ser comparada à ressurreição de Jesus Cristo. É o ressurgir da vida em todo o jardim. É o renovar das esperanças e do alento de todo ser que respira.

Depois da primavera, aquece-nos o verão. Época em que os frutos se formam e se desenvolvem. Agora, o jardim, além de florido, apresenta os galhos das árvores envergados por causa da quantidade de frutos. Tal realidade aponta para a nossa ressurreição. Assim como Jesus Cristo ressuscitou, nós também ressuscitaremos para a vida eterna.

A morte, o inverno, não pode deter a força da ressurreição de Jesus Cristo. No inverno, o jardim, sem folhas e sem frutos, não resiste muito tempo às novas estações. O frio e a escuridão do túmulo não conseguem deter o ímpeto "primaveril" do Cristo Ressuscitado. Como afirma Paulo: "Se morremos com Cristo, temos fé que também viveremos com ele, sabendo que Cristo, uma vez ressuscitado dentre os mortos, já não morre, a morte não tem mais domínio sobre ele" (Rm 6,8-9).

A primavera revela-nos a ressurreição de Jesus Cristo; o verão descortina-nos a nossa esperança de ressurreição; o inverno indica-nos o túnel da morte de Jesus. Já o outono aponta-nos o valor do ministério terreno do Profeta da Galileia. Mostra-nos a importância da pregação sobre o Reino de Deus: para uns, tempo de semeadura; para outros, tempo de colheita dos frutos que estão maduros. Nas palavras do Mestre: "Erguei vossos olhos e vede os campos: estão brancos para a colheita" (Jo 4,35).

Da primavera ao outono, estende-se diante de nós o itinerário metafórico para falarmos sobre a vida e a morte de Jesus Cristo, compreendidas à luz de sua ressurreição, e as implicações de tal evento para a nossa ressurreição.

Prima vere: a ressurreição de Jesus Cristo

A primavera da ressurreição acontece após a impactante experiência da condenação e crucificação de Jesus. Os apóstolos foram surpreendidos pelo encontro de fé com o Ressuscitado. O relato de Emaús narra a transformação provocada na vida dos discípulos ao reconhecer e acolher o Ressuscitado. Antes cabisbaixos e com espírito abatido, fragilizados em sua esperança, diante do fato da morte do Mestre, agora, ao experimentá-lo vivo, foram capazes de renovar a esperança, refazer o ânimo e retornar a Jerusalém. Contagiados por essa alegria, não medem esforços para anunciar aos outros "aquilo que lhes aconteceu pelo caminho" (Lc 24,13-35).

A ressurreição, primeiramente, é algo que ocorre com Jesus. O acesso que temos a tal acontecimento dá-se apenas pela fé no Deus da vida. Num segundo momento, afeta e transforma a vida dos discípulos. Trata-se de fato histórico e real, mas também é acontecimento de fé. Não é produto fantasioso, resultado de alucinações ou lendas. O acontecimento do Cristo Ressurreto faz brotar nova fé no coração dos discípulos, arrancando-os de seu abatimento e frustração e lançando-os para nova vida.

Diante da novidade, sem comparações dentro da história, os evangelistas não podem narrar-nos com detalhes a ressurreição de Jesus. Não porque desejam esconder-nos algo. Trata-se de realidade nova, que esbarra nos limites da linguagem e extrapola a capacidade humana de representação precisa da realidade transcendente. A ressurreição é atuação transcendente de Deus que ultrapassa o processo de verificação material inerente ao mundo físico. Revela-se um fato real, mas que ultrapassa e vai além da história. Para os crentes, Jesus Ressuscitado é o fato decisivo que ocorreu para a história humana. Constitui seu fundamento e sua verdadeira esperança. Os Evangelhos narram-nos o encontro dos discípulos com Jesus vivo e a experiência do "sepulcro vazio" e das "aparições". Intencionam provocar, naqueles que recebem o anúncio, a experiência de abertura e o encontro de fé com o Ressuscitado, tornando-se também testemunhas de que "Deus o ressuscitou dos mortos" (At 3,15; 4,10). A ressurreição significa a acolhida, entronização e transfiguração da totalidade da vida de Jesus no seio da glória de Deus. Para a fé cristã, revela-se aí o fato fundante, diferente dos demais fatos históricos comuns.

A ressurreição passou a ser, nas comunidades cristãs, a chave mestra de interpretação para as buscas de aprofundamento sobre o sentido da morte de Jesus. Para exprimir essa nova realidade, os discípulos lançaram mão da imagem da "ressurreição dos mortos" presente no mundo apocalíptico. Evidentemente, a linguagem é necessariamente simbólica, pois o acesso a tal realidade é sempre indireto. Daí o recurso das narrativas de "aparições".

Ao assumirem essa imagem, o Novo Testamento assinala para explicitar-nos a nova vida, uma transformação radical da existência corporal histórica (cf. 1Cor 15,35-56). O Jesus Ressurreto vive uma existência corporal totalmente nova. Isso é visto como o irromper do mundo novo.

A linguagem utilizada pelos primeiros cristãos revela a ressurreição como o processo através do qual Jesus é introduzido na vida do próprio Deus. "Ressuscitar" e "ser exaltado" são termos utilizados no Novo Testamento que se enriquecem e se complementam mutuamente para sugerir-nos a ação de Deus em arrancar Jesus do poder da morte. Essa linguagem remete à entrada definitiva na presença de Deus. Isso não significa que ele, antes, esteve fora da presença de Deus, mas, agora, na ressurreição, torna-se algo de caráter pleno e definitivo. É uma vida libertada, onde a morte já não tem qualquer poder sobre ele (Rm 6,9-10).

O ressurgir de Jesus dentre os mortos não tem a ver com uma volta à vida biológica. Não é a reanimação do cadáver do crucificado. Os próprios evangelistas narram a realidade do Jesus pós-ressurreição com uma existência nova. Ele pode ser visto, pode ser tocado e pode falar, mas, ao mesmo tempo, não é reconhecido; não pode ser retido, e a sua existência foge aos limites do tempo e do espaço. Mesmo assim, Jesus é alguém real, presente no meio deles de forma concreta (cf. Mt 28,9; Lc 24,16.39.42; Jo 20,19.20.26-27; 21,4; Mc 16,12). O Jesus Ressuscitado porta um corpo com dimensões que ultrapassam as características da matéria tal como nós conhecemos, ainda que o corpo ressuscitado mantenha dimensões materiais. Nele se conserva o horizonte histórico do homem, com suas dores e alegrias, identidade e anseios presentes na vida anterior. Enfim, toda a história corporal e concreta de Jesus de Nazaré.

Os discípulos de Jesus também não entendem a ressurreição simplesmente como a sobrevivência de uma alma imortal após a morte, despojada de corporalidade. Isso é próprio da cultura grega e estranho à mentalidade dos hebreus. Os hebreus, diferentemente da ideia dualista dos gregos, não separam o corpo da alma/espírito. O ser humano é um ser integral, no qual o "corpo" é a pessoa toda no seu mundo de relações. Para o pensamento hebraico, não há como conceituar o humano fora do seu universo dinâmico de interações consigo próprio, com o próximo, com o planeta e com Deus.

Assim, é impossível imaginar que os primeiros cristãos pensassem num Jesus Ressurreto sem um corpo.

É evidente que não estão pensando num corpo físico, de carne e osso, submetido ao poder da morte, mas sim num "corpo glorioso" que acolhe e dá plenitude à vida concreta desenvolvida neste mundo. Ao ressuscitar Jesus, Deus ressuscita sua vida terrena marcada pela entrega ao Reino de Deus, vida de renúncia, fidelidade e obediência a Deus até a morte. Jesus ressuscita com um "corpo" que recolhe e dá plenitude à totalidade de sua vida terrena (cf. Fl 3,21).

A corporeidade do Cristo Ressuscitado supera todos os esquemas conceituais determinados pela condição espaçotemporal. A ressurreição não pode ser encarada como a simples volta à vida depois de passar pelo túnel da morte, mas um modo de existência que envolve a corporeidade atual do Cristo Ressuscitado e transcende radicalmente a condição espaçotemporal. Tal estado não tem as qualidades físicas que constituíam seu corpo mortal. A sua condição atual consiste na superação das limitações da matéria e na conquista de um modo radicalmente novo de identificação com a transcendência divina. O apóstolo Paulo indica-nos esta condição, que supera todas as barreiras materiais e rompe todos os esquemas conceituais, referindo-se ao "corpo espiritual": "[...] semeando corpo psíquico ressuscita corpo espiritual. Se há um corpo psíquico, há também um corpo espiritual" (1Cor 15,44).

Para os primeiros cristãos, independente das representações, a ressurreição de Jesus anuncia a manifestação de Deus em favor da vida. Deus resgata o seu Filho da morte e o introduz imediatamente numa vida nova. O ato criador de Deus – a possibilidade de fazer novas todas as coisas – passa a ser, a partir de então, o conteúdo primordial das primeiras confissões de fé: "Mas onde avultou o pecado, a graça superabundou, para que, como imperou o pecado na morte, assim também imperasse a graça por meio da justiça, para a vida eterna, através de Jesus Cristo, nosso Senhor" (Rm 5,20-21).

A ressurreição levou os primeiros cristãos a ver a vida e a morte de Jesus sob nova ótica. O evento passou a ser o ponto de partida da cristologia. A partir dele os primeiros cristãos começaram a se indagar sobre o significado do evento Jesus Cristo para toda a criação. Acabaram por descobrir que, ao

DA TERRA AO CÉU

morrer, ele entrou na "glória" de seu Pai. Ele morreu confiante na acolhida de Deus. Sua morte foi uma "morte-ressurreição". Ao morrer, Jesus ressuscita para a comunhão com Deus. O Pai o ressuscitou na morte para uma vida plena e nova.

No Ressuscitado se manifestou o ápice da benignidade e da reconciliação de Deus com todos os seres vivos. A morte não pôde derrotar tanta vida e tão grande amor testemunhado por Jesus enquanto amor de Deus pelos seres humanos (Tt 3,4). Por isso a ressurreição compreende a total realização do humano e as possibilidades de união íntima com Deus. Além disso, manifesta a possibilidade de comunhão com todos os seres do planeta numa superação constante de todas as alienações que estigmatizam nossa existência terrestre. Pelo fato de Jesus Cristo constituir modelo perfeito da humanidade, o apóstolo Paulo afirma ser ele o "homem novo" e o "último Adão" (cf. Rm 5,12-19; 1Cor 15,44-45).

Na compreensão cristã, a ressurreição propicia a realização em plenitude das capacidades do ser humano. No Cristo Ressuscitado o ser humano encontra a possibilidade de viver, já aqui e agora, ainda que não de forma plena, a sua hominização. "Pela ressurreição tudo se tornará imediato para o homem: o amor se desabrocha na pessoa, a ciência se torna visão, o conhecimento transforma-se em sensação, a inteligência se faz audição" (Leonardo Boff). No Cristo Ressuscitado tudo se tornou imediato, isto é, desapareceram as barreiras terrenas. Ele penetrou na infinitude da vida para a realização plena e total da utopia humana.

Passada a primavera, entra o verão. Tempo novo que revela e concretiza a esperança de nossa ressurreição!

Veranus tempus: a nossa ressurreição

A fé cristã paulatinamente capta a ressurreição de Jesus como acontecimento que ultrapassa o puramente individual. Nela revela-se, enquanto desdobramento, o fundamento da esperança última do ressurgimento de toda a criação (cf. 1Cor 6,14). Em Jesus ela antecipa e concretiza o anseio universal de desfrutar da presença amorosa plena de Deus. Ressuscitando Jesus, Deus revela o seu projeto salvífico universal e começa a realizar a "nova criação" libertada para sempre do mal. Assim, a ressurreição passa a ser para o cristão a razão última da existência humana.

Os relatos da ressurreição tornam-se a força diária que alimenta a esperança na plenitude futura da criação e a confiança de nossa salvação. Eles devem ser lidos e relidos a partir da nossa existência de fé hoje e fomentar a esperança de vida eterna não mais ameaçada pela morte. Além disso, a ressurreição legitimou a pregação de Jesus ao mostrar a possibilidade de sua realização. Isso funda novo modo de vida, segundo o qual as realidades futuras já se configuram no presente, enchem de dinamismo novo os seres humanos e lhes permitem viver com intensidade confiados na vida eterna.

A morte não é o término da existência do ser humano, mas o momento de seu redimensionamento e plenificação. A ressurreição de cada um acontece na morte. Depois da morte, o ser humano, por graça de Deus, entra num modo de ser que extrapola a dimensão espaçotemporal e passa para a realidade eterna de Deus. Não esperamos a ressurreição somente para o final dos tempos. Na eternidade não existe o final dos tempos cronológicos. Por isso a "espera" pela ressurreição no final dos tempos é uma representação equivocada do modo de existir na eternidade. Não há embasamento bíblico para sustentar que na realidade nova, na qual encontra-se quem passou pela morte, exista a medida de tempo. Após a morte, encontramo-nos no mundo da ressurreição. A ressurreição não se dá em "três dias" nem no "último dia", mas no "hoje" da morte. "Hoje estarás comigo no paraíso" diz Jesus àquele que foi crucificado ao seu lado e que também está morrendo (Lc 23,43). A linguagem utilizada nos textos bíblicos é atemporal. Os símbolos religiosos desvelam a dimensão profunda da realidade. Eles nos remetem ao que transcende a todo condicionamento histórico e torna possível, na fé em Cristo, esperarmos a plenitude futura na comunhão amorosa com Deus.

Ao ressuscitar Jesus, Deus confirma o caminho trilhado por ele: amamos a Deus amando o próximo e colocando-nos a serviço pela prática da misericórdia e da justiça do Reino. No mesmo sentido, ao ressuscitar o Filho o Pai revela-nos que a morte não é o fim da história humana. No projeto do Deus da vida, compreende-se a morte como acesso à vida nova na comunhão com ele. Quem morre ressuscita imediatamente para a nova vida em Cristo.

A esperança cristã de que a ressurreição acontece imediatamente na morte funda-se na própria ressurreição de Jesus. Com o Mestre, a pessoa de fé confia que não será abandonada na morte. A intervenção salvífica divina se fará presente na sua vida da mesma forma como se manifestou na vida de Jesus. E ela espera firmemente que acontecerá, a partir da ação divina, "o que os olhos não viram, os ouvidos não ouviram e o coração do homem não percebeu, tudo o que Deus preparou para os que o amam" (1Cor 2,9).

Deus se manifesta na morte de cada ser humano de forma nova e criativa. Por ser o Deus da vida, ele faz viver os mortos e chama à existência o que não existe (cf. Rm 4,17). Deus ressuscita o ser humano para novas dimensões de vida que vão além de tudo o que se pode imaginar e torna-se realidade a vontade divina revelada na vida de Jesus Cristo: vida em abundância (Jo 10,10).

Deus ressuscitou Jesus e, do mesmo modo, nos ressuscitará também. A argumentação do apóstolo Paulo fundamenta e sustenta a fé e a esperança do cristão (cf. Rm 8,11; 1Cor 6,14). Fé e esperança que se apoiam no amor incondicional de Deus. Se na morte de Jesus Deus mostra-se fiel à natureza, na ressurreição concretiza o amor gratuito por cada um de nós e por todas as criaturas. Deus não nos abandona no colapso da morte, mas nos ressuscita para a vida plena. Por meio da ressurreição revela-se solidário com toda a criação e descortina-nos a meta final: vida plena de comunhão com ele. O que aconteceu com Jesus explicita-nos o núcleo do projeto salvífico universal: a Páscoa antecipa, no dinamismo histórico, o que sucederá com cada um de nós e com toda a criação.

O teólogo Medard Kehl utilizou-se, inspirado em Hegel, do tríplice conceito do termo "suprassumir" (*aufheben*) para explicar o significado da expressão "ressurreição dos mortos". Para Hegel, diz ele, "suprassumir" significa: (1) conservar; (2) revogar e (3) erguer. Tal conceito tríplice aplicado à ressurreição significa:

(1) O amor de Deus *conserva* tudo o que é importante na vida pessoal e na história humana para a comunhão com Deus e definitivamente reconciliada no Reino [...] (2) O amor de Deus *revoga* tudo o que não pode ser incorporado nessa reconciliação definitiva [...] (3) Todo "fruto" de nossa vida, digno de conservação, que levamos à consumação é aceito,

acolhido pelo amor de Deus e conduzido, por ele, à completa "maturação" (é *erguido*) (KEHL, 2001, p. 133-135).

Assim, ser ressuscitado por Deus significa ter os bons frutos da vida conservados; ter todos os pecados redimidos e, por fim, ser erguido por ele para a vida nova no desfrute da sua presença.

Na ressurreição de Jesus explicita-se o modelo da nossa ressurreição e torna-se fonte de esperança cristã. Jesus Ressuscitado e exaltado por Deus faz emergir, nos que creem, a esperança, sempre constante, de que em cada pessoa que passa pela morte surge novo início: a vida eterna junto de Deus. Vida que consiste em conhecer a si mesmo em Deus e a Deus em si mesmo.

A esperança cristã na ressurreição possui dimensão pessoal e coletiva. Se, por um lado, eu creio na ressurreição pessoal, "na minha ressurreição", ao mesmo tempo nós cremos na ressurreição de todos, "na nossa ressurreição". Nesse sentido, o acontecimento pós-morte de Jesus Cristo revela-nos, de modo pleno, o projeto salvífico universal e o que cada um de nós passará na morte. Ninguém está excluído desse dinamismo. Assim como Jesus ressurge para a nova vida, nós também ressurgiremos.

Em Jesus Ressuscitado o Absoluto de Deus toma a iniciativa de autocomunicar-se a toda a humanidade. Deus vem ao encontro do ser humano e começa a realizar, na pessoa do Filho, a plenitude derradeira e definitiva à qual toda a criação está destinada. Jesus Cristo é o primeiro dentre muitos irmãos (Rm 8,29; 1Cor 15,20; Cl 1,18). O impossível ao ser humano, vida eterna após a morte, mostrou-se possível para Deus (cf. Mt 19,26; Lc 1,37; 18,27). O Absoluto de Deus, por pura graça, uniu a si o ser humano de tal forma que com ele fez história de amor. A vida de Jesus encarna na história esse amor por nós e aponta para a realização definitiva do ser humano em Deus. Quando afirmamos e cremos na vida de Jesus como Filho de Deus, cremos e afirmamos a esperança da nossa plenitude futura. O futuro de Jesus em Deus, feito presente dentro da história pela ressurreição, revela o futuro da humanidade. Por isso, os cristãos, desde o início, o louvam: "Cristo é a nossa esperança" (Cl 1,27).

Compreender a ressurreição de Cristo como realização plena e modelo da nossa ressurreição oferece sentido profundo à existência temporal. O próprio Paulo atestou o fruto desta visão: "Mas, se morremos com Cristo, temos fé que também viveremos com ele" (Rm 6,8). Inicia-se já aqui, no esforço da vida cristã em comunidade, o que seremos. E porque cremos já estar em curso o que seremos, nós, cristãos, somos chamados, cada vez mais, a testemunhar: "Se vivemos pelo Espírito, procedamos também de acordo com o Espírito" (Gl 5,25; cf. Rm 6,1-7; 8,1-17). "Já não sou eu que vivo, mas é Cristo que vive em mim" (Gl 2,20) (cf. 2Cor 5,15; Fl 1,21). Permitir que "Cristo viva em mim" pressupõe comunhão plena com Deus no seio das relações humanas.

A ressurreição não só ilumina o itinerário da vida de Jesus como revela também as motivações da caminhada cristã. Seu ressurgimento, tendo alcançado a plenitude da realização humana, mostra que o caminho de sua vida é verdadeiro para qualquer ser humano. Vivendo como ele, ressuscita-se como ele. Jesus é aclamado pelos cristãos como "caminho" (Jo 14,6) e o seu seguimento, como fonte de inspiração para o modo de dar glória de Deus.

A ressurreição de Jesus não se resume a simples afirmação de fé, presente no credo apostólico e algo a ser repetido como exercício de intelecção da fé. Como vimos, ela revela o rosto amoroso de Deus e seu projeto salvífico universal. Além disso, revela-se, com profundidade, o mistério do ser humano e possibilita-se conhecer o caminho da plena realização humana. Esse caminho se faz pelo seguimento, ao modo de ser de Jesus Cristo.

Tempus hibernus: a crucificação

O movimento "revolucionário" inaugurado pela vida de Jesus não utiliza armas de fogo nem defende um levante de insurgentes contra o Império Romano com seus muitos mecanismos de dominação popular. Em primeiro lugar, Jesus provoca mudanças profundas no interior da pessoa. Começa com o anúncio e a experiência do amor gratuito e universal de Deus. Revela a proximidade amorosa e libertadora de Deus e mostra a importância da percepção da chegada do Reino de Deus. Deus tem projeto salvífico universal. Em segundo lugar, o povo precisava tomar consciência da realidade de opressão em que vivia. Jesus, então, faz críticas à estrutura religiosa e aos poderosos explicitando os diversos mecanismos de dominação. Desfere, com veemência, inúmeras críticas em relação às diversas instâncias de opressão e assume a defesa dos excluídos e oprimidos da sociedade, da política e da religião.

O Império Romano começa a ver com preocupação as reações imprevisíveis das multidões. Diante de qualquer suspeita de revolta com possibilidades de adquirir maiores proporções, Roma logo se manifestava com ações duras no sentido de eliminar os grupos rebeldes e manter a *pax romana*. O Império Romano não se preocupava com as motivações religiosas de líderes carismáticos, mas sim com a possibilidade de motins, desordens e, sobretudo, com o possível enfraquecimento de sua estabilidade.

Em um ambiente sociopolítico assim, Jesus é visto, por Pilatos, como um sujeito perigoso. Alguém que se atreveu a desafiar publicamente as instâncias políticas e religiosas superiores. Alguns dos seus discípulos aclamaram-no pelas ruas da cidade, fato que colocava em perigo a ordem pública. Era preciso eliminar qualquer foco de subversão. Para Pilatos, a morte de Jesus solucionaria três problemas políticos: 1) a sua morte pública serviria de exemplo para o povo que tentasse desafiar o Império; 2) ao executar o líder do movimento, seus seguidores seriam dispersados; 3) com o silenciar de Jesus, a aparente harmonia entre Roma e os judeus religiosos seria restaurada. Assim foi feito: Jesus foi preso e sentenciado à morte.

A crucificação de Jesus não foi um acaso. O profeta do Reino de Deus é executado por Pilatos, representante do Império Romano, com a participação efetiva da aristocracia local do templo – saduceus, fariseus, escribas etc. Jesus foi perseguido, preso, maltratado e crucificado. Entre a prisão e a crucificação, Jesus esteve só. Foi abandonado pelos discípulos. Esses não tiveram a coragem de enfrentar o poder dos poderosos e, amedrontados, acabaram fugindo. Muitos poderiam, aqui, perguntar: onde estava Deus nesse momento difícil da vida de Jesus: traição, prisão, condenação e crucificação? Como pôde abandonar o próprio Filho e deixá-lo passar por algo tão terrível como a morte numa cruz?

Depois de momentos de medo, fuga, perplexidade e desânimo diante da prisão, condenação, crucificação e morte de Jesus, os discípulos experimentam a força transformadora da ressurreição: "A morte não aniquilou Jesus; o crucificado está vivo. Deus é fiel e não o abandonou na morte, mas o ressuscitou". Como isso é possível? O que pode acontecer a um morto que é ressuscitado por Deus? Ninguém sabe explicar ao certo o que aconteceu. No entanto, logo conseguem condensar em pequenas confissões de fé o fundamento do que creem: "Deus ressuscitou Jesus dentre os mortos" (At 2,24; 3,15).

Aos poucos os cristãos releem a sua história. Entendem, à luz da Páscoa, que Deus jamais abandonaria o seu Filho. Nem permaneceria passivo diante da atitude de fidelidade do Filho até as últimas consequências. Em nenhum momento afastou-se dele: na prisão, na condenação, na execução e na morte. Ao contrário, interveio para libertá-lo do poder da morte. Deus "despertou" Jesus, o crucificado, o pôs de pé e o "levantou" para a vida plena junto de si.

Deus não abandonou Jesus na cruz. Antes, saiu em sua defesa, como faria qualquer bom pai. A identificação do Pai com Jesus testemunha o amor de Deus para com o seu Filho e, consequentemente, a rejeição diante das injustiças praticadas contra ele. Essa confirmação do amor do Pai por Jesus dá novo sentido à crucificação. Ela foi resultado da opção de vida que Jesus fez: obediência radical ao Pai e defesa incondicional do Reino de Deus.

O Pai não esteve separado do Filho. Mesmo quando Jesus agonizava, estava com ele. Sustentava-o e sofria junto. Deus não desejava ver o seu escolhido ser rejeitado, sofrer e morrer. O que o Pai queria é que o seu Filho amado fosse capaz de ser fiel até o fim, que continuasse na caminhada em prol da justiça do Reino. Nem o Pai queria a morte vergonhosa do Filho nem Jesus buscava oferecer ao Pai seu sangue concebendo tal derramamento cruento como algo agradável a Deus. Os primeiros cristãos não entendiam a morte de Jesus dessa maneira. Na crucificação, Pai e Filho estão unidos, não na busca de sangue e destruição, mas no enfrentamento do mal até as últimas consequências.

O *Abba* de Jesus, Deus Pai de amor, misericórdia e bondade infinitas, jamais exigiria sacrifícios de vidas humanas ou o derramamento de sangue de vítimas inocentes a fim de aplacar a ira provocada pelo pecado e salvar a humanidade da destruição. Ele se revela em Jesus como Pai nosso, que oferece o perdão incondicional e salvação para o que está perdido. A parábola do Pai misericordioso (Lc 15,11-32) revela-nos a centralidade da gratuidade do amor divino. Não tem sentido cristão, portanto, conceber a ideia de Deus

A RESSURREIÇÃO

como aquele que exige sofrimentos ou a morte do Filho amado para nos salvar: "Tu és o meu Filho amado; em ti está o meu pleno agrado" (Mc 1,11).

Outro equívoco é pensar que Deus descarrega a sua ira sobre Jesus. Jesus não sofre a cruz como castigo de Deus. O Pai não faz do seu Filho o responsável pelos pecados da humanidade, pecados que ele não cometeu. Jesus é inocente. Ele não pecou. O sofrimento de Jesus na cruz é resultado dos que se opõem ao Reino de Deus. Jesus não é vítima do Pai, mas sim daqueles que rejeitaram o convite para "entrar" no Reino de Deus. São os poderosos, movidos por ambições diversas, que infligem sobre Jesus o sofrimento, não Deus. Aliás, o Pai abraça o Filho de tal maneira que carrega com ele o seu sofrimento também (1Pd 2,22-24).

Certo pastor evangélico usava a seguinte ilustração para falar sobre o significado da morte de Jesus Cristo: "Toda vez que pecamos, Deus se prepara para nos castigar. Nesse momento, o chicote de Deus não nos atinge porque Jesus se coloca entre nós e o castigo de Deus. Jesus recebe em seu corpo todo o nosso castigo". Essa ilustração, além de sugerir a figura de um Deus irado, carrasco, desvirtua o propósito salvífico de Deus por meio do Filho amado. Ao interpretar a morte de Jesus somente como expiação vicária, o fiel esbarra nos limites dessa comparação correndo o risco de deformar o sentido da morte de Jesus e o rosto amoroso de Deus.

Ao contrário da explicação infeliz do pastor, os primeiros cristãos viram em Jesus Crucificado a expressão realista do amor incondicional de Deus para com a humanidade. Não a figura de um Pai irado com a humanidade que resolve aplacar sua ira sacrificando o seu Filho. A cruz, à luz do túmulo vazio, é sinal misterioso do perdão, compaixão e ternura divinos. Só o amor de Deus pode explicar o ato da cruz. Assim é que João pode afirmar: "Deus é amor" (1Jo 4,8.16). E Paulo, comovido, declara: "O Filho de Deus me amou e se entregou por mim" (Gl 2,20).

O "silêncio" aparente do Pai na cruz não significa o abandono de seu Filho. Deus sempre esteve com ele. Ao morrer, Jesus encontrou-se ressuscitado nos braços do Pai. A ressurreição mostrou que Deus estava junto a Jesus, assegurando o seu triunfo final. O poder de Deus se manifesta aniquilando o mal e fazendo justiça a Jesus, sem, contudo, destruir os maus: "Em Cristo Deus estava reconciliando consigo o mundo, sem levar em conta as transgressões dos homens" (2Cor 5,19). A crucificação de Jesus, portanto, foi consequência do seu ministério terreno de pregação em favor do Reino de Deus.

Autumno: o Reino de Deus

O ponto de partida para análise do evento Cristo – vida, morte e ressurreição de Jesus Cristo – começa com o seu batismo por João Batista, momento decisivo na tomada de consciência de seu ministério. Como arauto do Reino de Deus, ao emergir das águas do Jordão Jesus se lança profeticamente na missão e surpreende familiares e amigos. Paulatinamente, atrai discípulos e discípulas.

Ao desvincular-se da família e dos afazeres diários, Jesus se entrega ao anúncio do Evangelho. Renuncia à vida voltada para si mesmo e deixa-se conduzir pela lógica do Reino: prática da justiça, da misericórdia e chamado à conversão. Por meio de ensinamentos e ações, manifesta a presença do Reino e o projeto salvífico de Deus. Ele cumpre cabalmente o sentido maior do rito batismal proposto pelo Batista. Assume o batismo como sinal de adesão ao projeto de Deus e compromisso pessoal de mudança radical. Concretiza o chamado à missão e acolhe a epifania de Deus: "Este é o meu Filho amado, em quem me comprazo" (Mt 3,17).

Novo horizonte se abre para Jesus. Com o fim do período de preparação no deserto (Lc 4,1-13), irrompe-se novo tempo de concretização da salvação de Deus. "É chegado o Reino de Deus!" (Mc 1,15). Ele supera as expectativas apontadas por João: não mais se deve esperar o Reino e o juízo, é preciso acolhê-lo, "entrar" no Reino de Deus e aceitar o seu perdão salvador (Jo 3,5).

O discurso inaugurado e praticado por Jesus abarca o perdão ofertado a todos. Batizados e não batizados são acolhidos pelo Deus salvador, Pai de todos nós. O convite à salvação é oferecido indistintamente aos seres humanos. Cabe a cada um aceitá-lo ou recusá-lo. Deus não força ninguém; apenas nos interpela com seu amor gratuito. Seu convite pode ser acolhido ou rejeitado. Cada um decide o caminho a seguir. Uns ouvem o chamado e acolhem o Reino de Deus, entram em seu dinamismo e se deixam transformar; outros não dão atenção à boa-notícia, não percebem sua importância e rejeitam o Reino, não entram na dinâmica de Deus e se fecham à salvação.

A vida de Jesus Cristo concretiza a interpelação divina. Ele percorre cidades e povoados, testemunha e anuncia o Evangelho do Reino (Mt 9,35-38) e convida todos para abrirem-se à Boa-Nova. Pessoas e grupos considerados marginalizados são os primeiros a acolher a salvação (Mt 4,15-16). No meio deles, concretiza-se, em primeiro lugar, a chegada do Reino de Deus.

Jesus escolhe as aldeias como redutos propícios para brotar a esperança de dias melhores. Justamente onde se encontrava o povo mais pobre e injustiçado. Entre eles implanta-se o Reinado de Deus. Em Jerusalém, a realidade revela-se outra. Trata-se do lugar onde os poderosos dominam: dirigentes do sinédrio, escribas, sumos sacerdotes, grandes latifundiários e publicanos, arrecadadores de impostos. Entre eles há opressores também. Não são os representantes do Povo de Deus.

Nas aldeias e povoados, a presença de Jesus torna-se cada vez mais marcante. A vida itinerante do Profeta da Galileia entre os marginalizados mostra-se símbolo vivo de sua liberdade e fé no governo de Deus. Ele abandonou a segurança do sistema para "entrar" confiantemente no Reino do Pai. No impacto da Boa-Nova na vida dos necessitados gesta-se o Reinado de Deus. O conteúdo da vida itinerante de Jesus ilustra o teor da sua pregação. Sua vida remete-se totalmente ao governo de Deus – discursos, convicções e, sobretudo, a paixão pelo Reino, que é a força propulsora do ministério de Jesus. Sua concretização na vida do Povo de Deus dá sentido à sua história.

O Reinado de Deus não é novidade exclusiva da mensagem de Jesus. A categoria "Reino de Deus" era símbolo bem conhecido entre os israelitas. Havia no meio deles a expectativa da irrupção de um reino teocrático e independente, isto é, um reino dirigido por Javé e desvinculado dos povos pagãos. A novidade de Jesus está na ressignificação de seu conteúdo. Jesus recria, a partir da própria experiência de vida, nova concepção de "Reino" e dá-lhe outro horizonte de expectativa.

A expressão "Reino de Deus" ocorre 122 vezes nos Evangelhos e, dessas, noventa vezes na boca de Cristo. Transmite-se a ideia de mudança total e estrutural dos fundamentos deste mundo, introduzida por Deus. Não significa simplesmente algo interior ou espiritual. Do mesmo modo, não se trata de realidade que vem de cima ou se deva esperar fora deste mundo, depois da morte. Em sentido concreto, o Reino aponta para a liquidação do pecado com todas as consequências na vida de mulheres e homens, na sociedade e no cosmo – a transfiguração deste mundo compreendido a partir do projeto salvífico de Deus.

A declaração de Jesus: "O Reino de Deus está próximo" (Mc 1,15) trouxe inquietação aos seus contemporâneos. Os israelitas ficaram confusos, pois o domínio político ainda era romano. As autoridades sentiram-se ameaçadas com os rumores de possível rebelião. No entanto, o Reinado do Pai proferido por Jesus enfatiza que Deus se faz presente e atuante. Seu Reino pode ser percebido no mais profundo da vida em forma de presença salvadora. A expectativa como realidade futura cede lugar ao dinamismo salvador de Deus presente e em curso.

"O Reino de Deus não vem de forma espetacular nem se pode dizer: 'Ei-lo aqui ou ali'. No entanto, o Reino de Deus já está entre vós" (Lc 17,21). Jesus traz para a história as expectativas dos visionários que entendiam o Reinado de Deus como algo espetacular ou cósmico. Não se trata de algo a ser perscrutado nos céus. É preciso captar os "sinais" da sua presença na realidade do dia a dia (Mt 16,3).

Com frequência a expressão "o Reino de Deus já está entre vós" é traduzida por "o Reino de Deus está dentro de vós". Tal tradução deturpa, muitas vezes, o sentido proposto por Jesus ao reduzir o Reino de Deus a algo tão somente privado e subjetivo. Ora, para o Mestre de Nazaré o Reino possui intrinsecamente dimensões públicas, políticas e sociais também. De outro modo, ao focá-lo como algo meramente individual, canaliza-se ou restringe-se as suas forças libertadoras a processos terapêuticos, de cura interior, sem qualquer implicação na transformação social. Esta não é a única proposta libertadora do governo de Deus.

Diferente das perspectivas apocalípticas da época de Jesus, o governo divino não é algo paralelo que abruptamente se irrompe diante deste mundo perverso. A soberania de Deus já está no mundo, conduzindo a vida à sua libertação definitiva. O seu Reinado, proclamado e vivido por Jesus, por um lado, luta contra todas as formas de desumanização do ser humano e, por outro, promove as que se mostram a favor da dignidade da vida.

O Reino, para Jesus, é um acontecimento cósmico com dinamismo histórico, concretizado como realidade para os justos, contrária aos pecadores. No entanto, o Reinado de Deus não consiste na vitória triunfal dos santos e na condenação dos pecadores. Antes, o Reino do Pai amoroso manifesta-se como ação libertadora de todos para a vida digna e feliz já aqui e vocacionada à plenitude futura na comunhão eterna com Deus. É curioso observar como Jesus, que fala constantemente do "Reino", não chama a Deus de "Rei", mas de "Pai". Sua soberania não se impõe a ninguém pela força, ao contrário, introduz a vida das pessoas e toda a criação no dinamismo transformador do amor misericordioso divino. Quando acolhido de maneira responsável por todos, torna-se capaz de destruir as forças de Satanás, personificação do mundo hostil que trabalha contra Deus e contra o ser humano.

A atuação de Jesus visa promover e acolher o governo do Pai: provocar a consciência da liberdade de filhos e filhas, construir a sociedade justa, curar doenças e enfermidades, libertar do mal, dar ânimo e purificar a religião. O Reino não é algo etéreo. O convite de acolher e "entrar" na dinâmica do Reino implica conversão (*metanoia*) profunda e deixar-se ser transformado e transformar a vida tal como Deus a quer.

Aqueles que se associam ao projeto da implantação do governo divino não podem permanecer à mercê de um sistema que aliena e oprime o ser humano. "Não podeis servir a Deus e ao Dinheiro" (Mt 6,24). Jesus introduziu novo modelo de comportamento social. Não é possível entrar no Reino de Deus sem sair do reino das riquezas (Mamon). É preciso conversão. A mudança de vida em prol do bem de toda criação é característica do cidadão do Reino de Deus. Jesus anunciou o Reino do Pai: a transformação radical deste mundo segundo o projeto libertador de Deus. Onde há justiça, liberdade e amor, aí estão sementes do Reino. O cristão, como discípulo de Cristo, não tem outro compromisso senão com o Espírito que nos anima na direção dessa esperança. A fé desmascara, à luz da Palavra de Deus, o discurso ideológico dos dominadores e revela a opção de Jesus pelos marginalizados. Jesus assume sua identificação com os oprimidos, e neles quer ser amado e servido (cf. Mt 25,35-36).

Pode parecer estranho o fato de Jesus ensinar aos seus discípulos a oração "Venha a nós o vosso Reino" e, ao mesmo tempo, convidar todos para "entrar" no Reino. Ao mesmo tempo, Jesus trata do governo de Deus como algo que está por chegar e já está presente. Aqui não há contradições. O Reino de Deus já manifesta a sua força libertadora. Não em sua totalidade e plenitude final, mas de maneira parcial e fragmentada. O Reino divino é ação continuada do Pai, não intervenção pontual. É ação que pede acolhida responsável e que não se deterá, apesar de todas as resistências, enquanto não alcançar a sua plena realização. Já está "germinando" o mundo novo, mas só no futuro alcançará a sua plenitude.

Resta-nos, aqui, abordar a compreensão da ressurreição nos tempos de hoje. Como falar sobre a ressurreição hoje? Como entendê-la em um tempo como o nosso, *tempus fugit*?

Tempus fugit: como falar sobre a ressurreição hoje?

O renomado filósofo e teólogo alemão Ernst Troeltsch (1865-1923), no fim do século XIX, afirmou: "O escritório da escatologia está fechado na maior parte do tempo". Isso porque o século XIX e o início do século XX caracterizavam-se pelo otimismo da sociedade em constante progresso. A sociedade considerava que o ser humano havia encontrado o rumo de seu desenvolvimento máximo, beirando à perfeição. Tal otimismo desmedido campeou círculos teológicos vinculados ao liberalismo. O teólogo estadunidense Richard Niebuhr (1894-1962) sintetizou bem o pensamento teológico de sua época: "Um Deus sem ira introduziria homens sem pecado em um Reino sem julgamento mediante a ministração de um Cristo sem cruz".

Contudo, essa perspectiva exagerada de ascensão ininterrupta veio ao chão no século XX. Isso aconteceu como consequência das duas terríveis e devastadoras guerras mundiais, que salpicaram de cadáveres os campos europeus. Então, a realidade trágica e descarnada mostrou que o ser humano não era tão bom como se dizia, e que a humanidade e o mundo estavam longe de encontrar-se às portas da perfeição. Foi assim, dramaticamente, que a escatologia começou a ressurgir. Uma das características mais singulares da teologia do século XX emerge da redescoberta da escatologia, primeiro no Protestantismo, depois no Catolicismo. Em nosso século, há um retorno vigoroso ao estudo dos temas relacionados à escatologia.

Na virada do século XIX para o XX, estudiosos do Novo Testamento, como Johannes Weiss (1863-1914) e Albert Schweitzer (1875-1965), sustentaram, contrariando os princípios da teologia liberal, que a escatologia era algo significante para Jesus e para a Igreja primitiva, como parte integrante de toda a sua vida e ministério. Esse novo interesse pelo estudo das últimas realidades, aliado ao trauma das duas grandes guerras, criou ambiente favorável para o desenvolvimento atual do pensamento escatológico nos círculos eclesiásticos e teológicos.

Os estudos atuais sobre a escatologia não são uniformes. Tanto na teologia católica quanto na protestante há uma série de configurações doutrinárias que se esforçam em dar relevância atual ao tema da escatologia. À luz de viradas significativas, seja na antropologia, seja na hermenêutica, o labor escatológico atual busca a compreensão contemporânea do tema. Uns esforçam-se por aliar os novos conhecimentos à tradição (Joseph Ratzinger, Karl Rahner e Andrés Queiruga), outros por ressignificar os termos da escatologia iluminados pela pneumatologia (Wolfhart Pannenberg), esperança (Jürgen Moltmann) ou pela linguagem simbólica (Paul Tillich).

Mesmo tendo acesso à riqueza dos estudos da escatologia contemporânea, o cristão percebe o descompasso entre o tema abordado pelos especialistas e o sentido dele para a vida concreta. A escatologia estudada na faculdade de Teologia está longe da perspectiva que se tem dos "últimos acontecimentos" no contexto das comunidades cristãs.

Sabe-se que teologia se faz no seio da caminhada da comunidade de fé. É na, para e com a congregação de crentes que o labor teológico encontra legitimação. Voltar aos textos bíblicos, a grande Tradição, no contexto comunitário, e permitir que dali emerja reflexão escatológica que tenha sentido para a vida real do fiel e para além dela, abrindo-lhe perspectiva esperançada, parece ser o ideal para o estudo contextualizado.

A ressurreição é um dos temas relacionados à escatologia. Ela ocupa lugar de destaque no estudo dos "novíssimos" e, como chave de interpretação, lança luz sobre o sentido da vida e da morte dos seres humanos e de toda a criação. Como tema fundante para a vida cristã, a ressurreição tem sido alvo de severas críticas por parte de grupos que buscam minar a fé cristã.

Assim como nos nossos dias, no tempo de Jesus e seus discípulos a ressurreição foi questionada e relativizada. Os saduceus, por exemplo, não criam na ressurreição dos mortos e provocavam Jesus com o tema (cf. Mt 22,23-33). Já Paulo foi taxativo ao demonstrar que a ressurreição de Cristo é central para o Evangelho:

> Se não há ressurreição dos mortos, também Cristo não ressuscitou. E, se Cristo não ressuscitou, vazia é a nossa pregação, vazia também é a vossa fé [...] Se temos esperança em Cristo somente para esta vida, somos os mais dignos de compaixão de todos os homens. Mas não! Cristo ressuscitou dos mortos, primícias dos que adormeceram (1Cor 15,12-20).

A fé na ressurreição dos mortos é fundamental para a vida cristã. Isso porque falamos do tema a partir do evento Cristo – sua vida, morte e ressurreição.

Hoje, há ecos das provocações dos saduceus sobre o tema da ressurreição. Com uma nova roupagem, o cientificismo moderno, os grupos ateus e as religiões orientais se configuram de forma ambígua. Se, por um lado, há ateus convictos procurando provar a incoerência da ressurreição e proclamar uma vida totalmente irreligiosa, por outro lado há uma espécie de movimento místico em busca de experiências religiosas que produzam bem-estar espiritual e corporal por meio de experiências sincréticas que tomam de empréstimo práticas vindas de tradições religiosas diversas.

Em contexto assim, plural e multirreligioso, como falar sobre a fé na ressurreição? A escatologia determina o horizonte de toda a compreensão cristã, mesmo que ainda estejamos buscando seu significado preciso. Em vez de procurar saber o plano de Deus para o futuro do mundo, perguntamos pelo engajamento do cristão no mundo. Não mais se vê o mundo como empecilho, mas como desafio. Cristo ressuscitou, e nada pode permanecer como costumava ser. O Cristo Ressuscitado é fonte de inspiração para a reflexão escatológica das comunidades de fé capaz de gerar ações cristãs concretas na vida das pessoas.

A partir da concretude do Cristo Ressuscitado se pode ressignificar temas relacionados à ressurreição e dar-lhes pertinência para a compreensão pastoral:

1) *Sobre o tempo.* O "fim", na escatologia cristã, não significa término, colapso. A ressurreição de Jesus deu novo significado ao termo: o fim revela-se passagem para a meta. O fim não se restringe a um momento dentro do desenvolvimento mais amplo do universo, analogamente chamado de história. Ele transcende todos os momentos do processo temporal. O fim do tempo histórico é a entrada na eternidade. De modo que o *eschaton* se torna experiência presente sem perder sua dimensão de plenitude futura: na perspectiva da fé e da esperança cristã, encontramo-nos já diante do Eterno, e o fazemos olhando para o fim da história e o fim de tudo que é temporal no Eterno. O fim de tudo converge para Deus.

2) *Sobre a linguagem.* O tema da ressurreição é tratado por meio de linguagem figurada e simbólica. A opção pela *poiesis* e não pela *theoria* se justifica diante do fato de se tratar de mistério. Nesse sentido, os símbolos religiosos desvelam a dimensão profunda da realidade. Remetem-nos ao transcendente, a toda a realidade histórica e condicionada. O acesso criado pela fé torna possível a abertura e a acolhida do dom da eternidade.

3) *Sobre a esperança.* O tema da ressurreição realça a esperança. Abre-nos, desde agora, ao futuro da justiça divina, da plenitude da vida e do Reino de Deus. A esperança humana encontra sustentação na ressurreição de Cristo. A ressurreição de Jesus revela o futuro do Reino de Deus e do ser humano em Deus. Em outras palavras, na esperança encontramos no Cristo Ressuscitado a porta de acesso ao nosso futuro: ressuscitaremos para a comunhão com Deus.

4) *Sobre a vida cristã.* Cremos na vitória de Deus como realidade última. As pessoas vivem, pacientemente, firmadas na esperança de que no futuro concretiza-se a glória de Deus. E a glória de Deus é que cada ser humano viva em plenitude. Tal perspectiva cria a possibilidade concreta de novo modo de vida transformado pelo encontro entre a graça divina irradiada da pessoa de Jesus e o processo de conversão diária assumido pelo cristão. A vida cristã é chamada a combinar o zelo cuidadoso de quem se sabe libertado do pecado por Cristo e

assume a vida de santidade com a esperança de quem crê na vinda gloriosa do Senhor Jesus.

O tema da ressurreição é fundamental para a fé cristã. Diante da mentalidade corrente de tratar-se de assunto complexo de difícil explicação, apegar-se à leitura literal das narrativas bíblicas não resolve o problema da evangelização contemporânea. O anúncio do querigma, a ação evangelizadora das Igrejas cristãs, ao falar sobre a ressurreição no contexto atual, precisa, para ser fiel à tradição apostólica, levar em conta a cultura do tempo atual e a busca da linguagem mais adequada, seja para alimentar a esperança em Cristo, seja para trazer alento para a vida dos cristãos.

Mais que explicar a ressurreição, o cristão precisa abraçar o Cristo Ressurreto em seu coração. Lembro-me de uma visita a Jerusalém, quando o grupo em que eu estava discutia qual seria o lugar exato onde ocorreu a ressurreição de Jesus: o de domínio da Igreja Católica, o de domínio da Igreja Protestante ou o da Igreja Ortodoxa? Um irmão levantou-se no meio da discussão e disse com sabedoria: "Se foi lá ou aqui, o que importa? O importante é que Jesus ressuscitou aqui, dentro do meu coração!".

Conclusão aberta

Na ressurreição de Jesus o cristão encontra fundamento para a esperança na nossa ressurreição e na de toda a criação. A presença plena de Deus na morte-ressurreição de Jesus antecipa o que será experimentado por nós. Assim, na ressurreição de Jesus o cristão coloca a razão última de sua existência temporal e a força diária de sustento de sua esperança na luta por um mundo mais humano.

Os relatos da ressurreição alimentam a fé e tornam-se fonte de esperança. Eles devem ser relidos a partir de nossa existência presente e fomentar a expectativa de vida eterna não mais ameaçada pela morte. Através da ressurreição de Jesus, Deus revela a sua fidelidade e confirma o seu amor por nós e por toda a criação. Deus não deixa a sua criação caminhar para o colapso da morte; ele a destina à ressurreição. Deus, por meio da morte-ressurreição do seu Filho, declara-se solidário com a criação e lhe propõe a vida em plenitude.

A esperança da ressurreição não é apenas para alguns, mas para todos. A ressurreição de Cristo deve ser vista de forma plena, exemplar e modelo da nossa. Ela dá acesso ao sentido profundo de nossa existência temporal.

A ressurreição é algo que aconteceu a Jesus e não na imaginação de seus seguidores. Trata-se de fato real, não de produto fantasioso ou resultado de especulações filosóficas. Tal acontecimento, atuação transcendente de Deus, escapa aos processos de verificação inerente a este mundo. Sem abertura de fé ao Deus da vida não há acesso ao Cristo Ressurreto. A fé, por promover o encontro pessoal do cristão com Jesus Cristo, não se funda em provas materiais. Basta ao cristão o encontro de fé.

A ressurreição levou os primeiros cristãos a ver a vida e, sobretudo, a morte de Jesus sob novas perspectivas. O passo seguinte, consequentemente, foi o de provocar-lhes buscas sobre o significado da vida, morte e ressurreição de Jesus para toda a criação. Eis a pedagogia amorosa de Deus para fazer chegar a todos o seu amor salvífico. Em Cristo, todos somos filhos e filhas de Deus. Amém.

Oração

Nosso Deus e nosso Pai, vós ressuscitastes Jesus dentre os mortos, o Jesus Ressuscitado que ofereceu a paz aos apóstolos, reunidos em oração, dizendo-lhes: "A paz esteja convosco". Concedei-nos o dom da paz. Defendei-nos do mal e de todas as formas de violência que agitam a nossa sociedade, para que tenhamos vida digna, humana e fraterna.

Ó Jesus, que morreste e ressuscitaste por amor, afasta de nossas famílias e da sociedade todas as formas de desesperança e desânimo, para que vivamos dignamente e sejamos portadores de tua paz. Que o teu Espírito Santo nos conduza pelo caminho da verdade e da justiça.

Amém!

Textos dos teólogos

1. "A ressurreição nem é uma 'segunda' vida nem um simples 'prolongamento' do presente, mas o pleno desabrochar desta vida, graças ao amor

poderoso de Deus [...] Por isso a esperança da ressurreição não significa uma fuga ao além, mas uma radical remissão ao aqui, ao cultivo autêntico da vida e ao compromisso do trabalho na história. Foi o que, diante do abuso dos 'entusiastas' – que se crendo já ressuscitados menosprezavam esta vida, seja na renúncia ascética, seja no abuso libertino –, a primeira comunidade cristã compreendeu. Tal foi com certeza o motivo principal pelo qual os evangelhos foram redigidos: recordar que o Ressuscitado é o Crucificado, que a sua ressurreição foi gestada em sua vida de amor, fidelidade e entrega. A vida eterna, a que se encontrará a si mesma plenamente realizada na ressurreição, é a mesma que, como Cristo, vive-se aqui e agora em toda a radicalidade, a que é gestada no seguimento. Por isso se retomou, como modelo e chamado, a realização de sua vida histórica: vivendo como ele, ressuscitaremos como ele [...] A ressurreição afirma que Cristo está vivo hoje e que, portanto, a sua presença é real; tão real que somente faz sentido manter com ela uma relação atual. Não o vemos, mas ele nos vê; não o tocamos, mas sabemos que está presente, afetando as nossas vidas e sendo afetado por elas. Por isso, podemos falar com ele na oração e colaborar com ele no amor e no serviço: 'a mim que o fazeis'" (QUEIRUGA, Andrés Torres. *Repensar a ressurreição:* a diferença cristã na continuidade das religiões e da cultura. 2. ed. São Paulo: Paulinas, 2010. p. 277-278).

2. "O evento da ressurreição de Jesus pertence à singularidade de sua pessoa e história. No entanto, pelo fato de esse acontecimento de Jesus não ter acontecido para ele sozinho, mas em sua qualidade de Mediador do senhorio de Deus e Redentor da humanidade, por isso é possível já agora que os que estão ligados a Jesus por batismo e fé participem da realidade da nova vida que irrompeu nele. E essa participação, pertencente ao mistério da salvação de Deus em Cristo e por isso 'sacramental', não é destruída pela morte dos fiéis. Por isso eles pertencem a Jesus Cristo não apenas na vida, mas também em seu morrer (Rm 14,8)" (PANNENBERG, Wolfhart. *Teologia sistemática.* Santo André/São Paulo: Academia Cristã/Paulus, 2009. v. 3, p.759).

Reflexão em grupo

1. Quais foram os pontos mais importantes identificados no capítulo?

2. Qual a importância de se falar sobre a ressurreição de Jesus Cristo nas nossas comunidades de fé?

3. Quais são as implicações da ressurreição de Jesus para a nossa vida e para a sociedade que nos cerca?

Para aprofundar

BLANK, Renold J. *Reencarnação ou ressurreição;* uma decisão de fé. São Paulo: Paulus, 1995. p. 95-105.

BOFF, Leonardo. *A ressurreição de Cristo;* a nossa ressurreição na morte. Petrópolis: Vozes, 1983. p. 29-103.

_____. *A vida para além da morte.* 8. ed. Petrópolis: Vozes, 1984. p. 17-43.

HAIGHT, Roger. *Jesus, símbolo de Deus.* São Paulo: Paulinas, 2003.

KEHL, Medard. *O que vem depois do fim?* Sobre o acaso do mundo, consumação, renascimento e ressurreição. São Paulo: Loyola, 2001. p. 133-136.

MOLTMANN, Jürgen. *No fim, o início;* breve tratamento sobre a esperança. São Paulo: Loyola, 2007. p. 134-201.

PAGOLA, José Antonio. *Jesus;* aproximação histórica. 3. ed. Petrópolis: Vozes, 2010. p. 99-141, 454-573.

QUEIRUGA, Andrés Torres. *Repensar a ressurreição;* a diferença cristã na continuidade das religiões e da cultura. 2. ed. São Paulo: Paulinas, 2010. p. 185-240, 268-280.

SCHILLEBEECKX, Edward. *Jesus;* a história de um vivente. São Paulo: Loyola, 2008. p.

THEISSEN, Gerd; MERZ, Annete. *O Jesus histórico;* um manual. São Paulo: Loyola, 2002. p. 502-536.

TILLICH, Paul. *Teologia sistemática.* 5. ed. rev. São Leopoldo: Sinodal, 2005. p. 822-848.

IV

O tempo da colheita. A "segunda vinda" de Cristo e o juízo

Paulo Roberto Gomes

Introdução

Ainda que no Brasil as estações do ano não sejam tão bem delimitadas quanto na Europa e outros países do hemisfério norte, há um tempo de plantio, floração e frutos. O agricultor espera ansiosamente a semente germinar, crescer e produzir saborosos frutos. Você já deve ter visto um pomar com plantação de uvas. Depois do plantio requer adubação, cuidado para evitar pragas e, em muitos casos, a poda para a plantação florescer com mais viço e produzir abundantes frutos. Comparamos a chamada "segunda vinda" de Cristo com a colheita. O agricultor, Deus, envia seu Filho para colher o que foi produzido.

À medida que a idade vai avançando, o ser humano perde energia e força, envelhece. Na ordem inversa, na perspectiva da fé, a pessoa deveria crescer e amadurecer até a irrupção da vida nova na morte e ressurreição.

No capítulo anterior, tratou-se da vida, morte e ressurreição de Jesus como o grande paradigma de compreensão da nossa morte e ressurreição. Ligada ao tema da ressurreição dos mortos, as Sagradas Escrituras falam da parusia de Cristo e do juízo. Tradicionalmente, as teologias católica e protestante têm abordado os juízos particular e universal, um separado do outro. O primeiro logo após a morte, o segundo somente no fim de tudo, quando Jesus vier em glória. Católicos enfatizam o juízo após a morte e têm dado pouco destaque à vinda de Cristo, tendo como exceção os grupos carismáticos.

93

Protestantes históricos e anglicanos têm a mesma teologia tradicional católica. Igrejas evangélicas renovadas, marcadas pela vertente pentecostal, enfatizam a vinda de Cristo como momento do juízo.

Para aqueles que viveram a santidade de vida, a Palavra de Deus é clara ao falar de vitória e de glorificação ou da participação no Reino definitivo do Pai. O inverso também é apresentado: a possibilidade de o ser humano se perder e se condenar ao inferno. Essas duas realidades serão tratadas no próximo capítulo.

Como entender o juízo de Deus? Um dia de ira e castigo, cujo extermínio dos pecadores é aguardado ansiosamente pelos crentes que acreditam ser justos diante do Senhor? Como articular o juízo pessoal e o julgamento final? Seriam dois momentos separados? Como entender a parusia, chamada por muitos de "segunda vinda de Cristo", tão aguardada pelas comunidades cristãs? A perspectiva de quanto pior estiver o mundo melhor, pois apressa a vinda de Deus, é aceitável? Por que tanto medo diante do "retorno" do Senhor? Neste capítulo será tratado o tema do juízo de Deus e a chamada "segunda vinda de Cristo".

A parusia

Antes de falar a respeito da "segunda vinda" de Cristo, é necessário abordar o tema da salvação na forma como é compreendido no Antigo e no Novo Testamento, pois a esperança cristã aponta não somente para a verdade daquilo que é, mas principalmente daquilo que não é, mas que será (Ernest Bloch). A "segunda vinda" e o juízo se inscrevem dentro do plano salvífico do Pai. No Antigo Testamento, o termo é entendido de forma muito concreta dentro da história. A posse da Terra Prometida, a liberdade conquistada e a segurança são compreendidas como feitos salvíficos de Deus. Salva-se defendendo ou ajudando na guerra e na batalha, libertando da guerra e da invasão, pois ser salvo ou alcançar a salvação pode ser traduzido por vitória. Salvar também significa prestar ajuda ou proteção em alguma dificuldade (cf. Dt 33,29; Js 10,6-9).

O ato mais extraordinário de Iahweh é o êxodo (cf. Ex 14,13), cuja vontade divina está enraizada em sua aliança, em suas promessas, justiça e fidelidade que o povo acolhe e responde pela fé. No exílio, a ideia de salvação é aprofundada e desenvolvida como algo que ultrapassa a grandeza do êxodo. Ela aparece como reintegração de Israel na sua própria terra e, como evento futuro, assume características messiânicas. O termo aproxima-se da ideia de libertação de todo mal pessoal ou coletivo, segurança completa e libertação da culpa (cf. Jr 23,1-6).

No Novo Testamento, salvar aparece como cura e perdão dos pecados realizados por Jesus. Quem salva é Deus, por sua iniciativa e eleição. Trata-se de uma obra misericordiosa divina e não de atividade humana, uma obra da graça. Para Paulo, salvação é libertação do pecado e da morte (cf. Ef 2,5; Rm 6,1-14).

Comparando a vida humana com um pomar, percebe-se que para ele ser bonito é preciso cuidá-lo. O agricultor precisa revirar a terra, colocar adubo, lançar sementes, plantar as mudas e regar diariamente. Todos sabem que um pomar exuberante deve ser visitado de tempo em tempo. O agricultor arranca a erva daninha, mata as pragas, limpa os canteiros e faz a poda no tempo certo para que a planta possa tornar-se forte e viçosa. Todo cuidado visa à colheita dos frutos.

Tal é, também, a lógica do Evangelho. Jesus fala de podas, perdas e renúncias em vista de um bem maior. Como bom agricultor, sabe o que pode estragar a vida humana, enfraquecer os propósitos feitos e impedir o crescimento do Reino de Deus (cf. Jo 15,1-2).

Usando a metáfora do pomar dentro da lógica de cuidado e cultivo, deve-se entender a "vinda" de Cristo e o juízo.

O termo parusia nas Sagradas Escrituras

O termo "parusia" vem do grego e significa "presença" ou "chegada". Geralmente, era utilizado, na cultura helênica, para designar a visita cerimonial de um soberano à cidade ou país, ou para a aparição de um deus para prestar auxílio. A chegada do imperador (parusia) era uma manifestação triunfal, proclamação do seu poder em clima de solene alegria. Essa visita do soberano ou a aparição de algum deus podia dar origem a uma virada decisiva na história. O imperador era saudado como senhor e portador da

95

salvação. No povo, reinava a expectativa, pois se esperava receber benefícios nesse momento. Isso confere à parusia um caráter festivo e jubiloso.

O Antigo Testamento fala de teofanias ou manifestações de Deus. Parusia é usada no contexto do Novo Testamento, tendo como base o texto de Dn 7,13 sobre a vinda do Filho do Homem. O termo aparece 24 vezes como advento glorioso de Cristo.

Nos Evangelhos sinóticos (Mateus, Marcos e Lucas), a parusia é descrita como a vinda do Filho do Homem, com seus anjos, nas nuvens, com poder e glória, precedida de sinais nos céus. Utiliza-se a linguagem apocalíptica para comunicar uma mensagem importante. A vinda será como um relâmpago, sugerindo a forma repentina e seu esplendor da mesma forma que partiu para o céu (cf. Mt 16,27-28). Ainda que seja um tempo indefinido, sem que haja a possibilidade de estabelecer uma data para acontecer, os Evangelhos falam que os discípulos não terminarão de pregar e percorrer todas as cidades de Israel até que venha o Filho do Homem, e que não passará esta geração até que todas essas coisas aconteçam (cf. Mt 24,34). No entanto, ninguém conhece a hora a não ser o Pai, nem mesmo o Filho. Por isso, Jesus adverte seus discípulos para estarem prontos e preparados. As parábolas do ladrão, das virgens prudentes, dos talentos, e outros textos mais, apontam para a atitude correta do cristão.

Dn 7,13-14 diz:

> Eu continuava contemplando, nas minhas visões noturnas, quando notei, vindo sobre as nuvens do céu, um como Filho de Homem. Ele adiantou-se até o Ancião e foi introduzido à sua presença. A ele foi outorgado o poder, a honra e o Reino, e todos os povos, nações e línguas o serviram. Seu império é império eterno que jamais passará, e seu Reino jamais será destruído.

Olhando atentamente a descrição dos Evangelhos sinóticos com respeito à parusia e seus sinais, percebe-se que são claramente derivados desse texto. No livro de Daniel, a vinda do Filho do Homem é o último ato da história mundial, a instauração do Reino de Deus e a sujeição de todos os poderes hostis.

Não se pode negar que Jesus se identifica com a figura escatológica do "Filho do Homem" (cf. Mt 10,23; Mc 9,1) e, participando da mentalidade de seus contemporâneos, espera para breve sua manifestação. No entanto, ele adverte que Deus pode abreviar ou prolongar a parusia. Por isso, os discípulos são convidados a ter paciência pela dilatação do prazo e a rejeitar a fixação cronológica do fim (cf. Mc 13,7.32).

Nos seus escritos, Paulo conserva o sentido da parusia presente nos Evangelhos traduzindo-a por "dia do Senhor" (cf. 1Cor 1,8). Jesus vem com seus santos, precedido pelo toque da trombeta – instrumento utilizado nas cidades do Antigo Israel para conclamar a população para um comunicado importante. Ele vem do céu, no tempo indicado, realizando a ressurreição dos mortos, enquanto os vivos são arrebatados em glória. Nesse tempo de espera, proclama-se sua vinda em cada Eucaristia ou celebração da Ceia do Senhor (cf. 1Cor 11,26) com tonalidade escatológica, acentuando a alegria da "fração do pão". O termo *maranatha* – "Vem, Senhor Jesus" – que aparece na celebração da Ceia do Senhor, é uma prece e confissão de fé ao mesmo tempo (cf. 1Ts 3,13; 4,13-18).

Nos outros escritos do Novo Testamento, a parusia aparece como revelação de Jesus Cristo; como tempo de juízo; revelação da glória de Jesus; aparição em poder; como epifania (manifestação) e realização da esperança sem demora. Ela se conecta com o fim do mundo, seguido de uma nova criação com o juízo divino. Fala-se de "dia do Senhor", "dia de nosso Senhor Jesus Cristo", "dia de nosso Senhor Jesus", "dia de Cristo", ou só "o dia". O termo aparece como juízo escatológico, como consumação da obra salvífica, manifestação triunfal, digna de ser aguardada com alegre expectativa (cf. Fl 1,6; 2Cor 1,14). Nos escritos de Pedro, aborda-se a parusia enfatizando que o céu e a terra passarão pelo fogo para serem purificados (cf. 2Pd 3,10-13).

Paulo exorta Tito "a aguardar a nossa bendita esperança, a manifestação da glória do nosso grande Deus e Salvador" (2,13). O termo aparece ligado à epifania ou vinda final, como "feliz esperança", "epifania de sua parusia" e como *apocalipsis* (revelação), sinônimo de esperança cristã ou "dia de nosso Senhor Jesus Cristo" na sua manifestação em glória. Por isso, Paulo convida os cristãos a viverem em temperança, sobriedade, fé, esperança e amor (cf. 1Ts 5,4-8) em vista da proximidade do dia.

A comunidade cristã primitiva esperava a "vinda" de Cristo de forma iminente. A demora começou a provocar inquietação no meio das comunidades. Alguns compreenderam mal como Paulo relativizou o tempo presente e mudaram a conduta (cf. 2Ts 3,6-12). Por isso, Paulo e Pedro precisaram corrigir certas compreensões acerca da parusia (cf. 2Ts 2,1-5; 2Pd 3,8-10).

Para as primeiras comunidades cristãs, a vinda gloriosa de Cristo gera um impacto na consciência dos crentes, levando-os a viver em atitude de vigilância constante. Isso se concretiza de forma clara na conduta dos primeiros cristãos e na disposição de dar a vida pela fé através do martírio.

Nos primeiros escritos cristãos, pós-testamentários, na *Didaché* – livro utilizado para a catequese –, aparece a expressão *maranatha*, conservada e usada no culto, evocando a "vinda do Senhor" nas nuvens do céu. O mesmo faz a Carta a Diogneto e o autor do texto Pastor de Hermas. Inácio de Antioquia, ao abordar a encarnação, refere-se à "vinda do Salvador", sua Paixão e ressurreição. Justino também utiliza a palavra parusia, sendo o primeiro a estabelecer a terminologia da "primeira e segunda vinda" ou "vinda sem glória/vinda com glória", descrição também utilizada por Irineu. Agostinho aborda o tema com a preocupação de que nunca se deve calcular o dia.

Pouco a pouco, a parusia vai perdendo sua força e seu influxo na vivência religiosa dos fiéis. De princípio norteador que perpassa a liturgia, a teologia, a pregação e a vivência cristã, torna-se um tema bíblico ao lado de outros, muitas vezes de valor secundário.

Do tempo da patrística até os nossos dias, as Igrejas Católica e Ortodoxa mantiveram a esperança da parusia expressa na celebração litúrgica. O mesmo acontece com o Protestantismo. O tema perde espaço na teologia e nas pregações, ficando circunscrito a alguns grupos, tais como os valdenses (católicos) e os anabatistas (protestantes).

A reflexão sobre a "vinda de Cristo" é retomada pela Igreja Católica, a partir do Vaticano II, com os documentos *Lumen Gentium* ["Luz dos Povos"] (n. 48-49); *Ad Gentes* (n. 9), sobre a missão; e *Sacrosanctum Concilium* (n. 8), sobre a liturgia. Os escritos do Vaticano II expressam a importância do tema como plenificação da obra começada e esperança dos cristãos com a "segunda vinda de Cristo".

Teólogos protestantes como Karl Barth, Rudolf Bultmann, Paul Tillich e Wolfhart Pannenberg, cada um dentro da singularidade de seu pensamento teológico, acentuam a dimensão escatológica da vida. Jürgen Moltmann, teólogo luterano, recupera o sentido da escatologia para as teologias protestante e católica a partir da categoria da esperança. Os movimentos pentecostais católico e evangélico enfatizam a força da parusia para os crentes assinalando sua proximidade.

Afirmar que o Senhor Jesus vem, que a salvação acontece e se cumpre na história, é a esperança crucial que perpassa o Novo Testamento. Não se trata simplesmente de um tema isolado ao lado de outros.

Reflexão sistemática

Nos escritos do Novo Testamento, o termo parusia aborda a vinda de Cristo em termos de proximidade, independente da extensão do tempo. O que conta não é quando (data), mas a qualidade da espera. A comunidade não aguarda um ausente, mas alguém presente no seu meio no rosto dos irmãos e irmãs, na proclamação da Palavra e na celebração da Ceia do Senhor.

A parusia não é questão de tempo, da determinação do prazo, mas a certeza de que, com Cristo, a salvação penetra no tempo e na história. Por isso, já estamos vivendo os "últimos dias". A consumação de todas as coisas já começou, ainda que não tenha chegado à sua plenitude. A escatologia ainda não está plenamente realizada, porque a história não opera somente debaixo do influxo da graça. Infelizmente, onde se semeia trigo nasce erva daninha. Há muito de vida indigna e desumanizada.

Cristo não vem "com o tempo", no sentido cronológico de que quanto mais se contam os dias mais próximo ele está. Ele vem para transformar o tempo mensurável (*kronos*) em tempo de graça (*Kairós*). O mesmo se deve dizer da expressão "segunda vinda", utilizada por Justino na patrística e que se impôs no vocabulário cristão como algo comum. O Cristo que veio na carne – fragilidade – continua presente e atuante como Ressuscitado, através de vários sinais, e se manifestará plenamente no "face a face". Por isso, usamos a metáfora do agricultor sempre presente cuidando do pomar – o mundo – e que um dia virá colher os frutos. At 1,11 diz que "este mesmo Jesus, que foi arrebatado dentre vós para o céu, assim virá, do mesmo modo como o vistes partir para o céu", ou seja, o encontro se dará com o Cristo Ressuscitado.

Traduzir parusia por retorno de Cristo é um equívoco como se houvesse uma ausência temporária. O Senhor Jesus não se tem ausentado e sua ressurreição não implica um vazio na história como se houvesse a necessidade do retorno de um expatriado. Cristo continua presente na Palavra proclamada, na Eucaristia celebrada, na pessoa do ministro, na comunidade reunida e em cada pessoa. O cristão percebe a "vinda" do Senhor Jesus em cada momento de sua existência apelando para sua conversão. O encontro com o pobre, o sofredor, as pessoas machucadas pela vida, é oportunidade única de acolher ou rejeitar "aquele que vem".

A comunidade cristã, no seu trabalho evangelizador, precisa manter viva na consciência dos fiéis a presença da proximidade do Senhor. No soluço e na lágrima de cada um, o Senhor se faz presente e atuante, ainda que em forma de sinais. Com a ressurreição de Cristo se confessa na fé a presença real e atual de Cristo no mundo (cf. Mt 18,20; 28,20). Não há duas vindas do Senhor ao mundo, senão uma só articulada em três etapas: a encarnação do Filho em sua condição histórica de servo, a ressurreição ou entronização do servo em glória e sua presença como Senhor no mundo.

No entanto, a terceira etapa não é algo evidente. Os crentes o confessam presente na obscuridade da fé. No entanto, haverá um momento de desvelamento dessa presença de forma real para todos, chamada de parusia, e o cumprimento definitivo das promessas de Deus referentes à nova criação. Pode-se dizer que, durante a nossa vida terrena, a presença de Cristo, como fiel agricultor, apesar de escondida, já é definitiva, ainda que envolvida pelo transitório e pelas aparências. Com nossa morte, ressurreição e consumação do cosmo, a parusia aparece sem simulações, no face a face de sua glória.

No Novo Testamento, são apontados alguns sinais da parusia:

- o esfriamento da fé (cf. Lc 18,8) e as grandes calamidades (cf. Mt 24,6-8);

- a aparição do Anticristo (cf. 2Ts 2,1s; 1Jo 2,18-22);

- a pregação do Evangelho a todos os povos (cf. Mt 24,14); e

- a conversão dos judeus (cf. Rm 11,25s).

Na prática cristã, sempre há a tentação de tomar os sinais como indicações cronológicas da vinda de Cristo em vez de perceber sua função como recordação permanente do sentido último e definitivo na vida de cada pessoa. São sinais que servem a todos os tempos para conduzir os crentes a desenvolver uma prática de acordo com a fé na vinda do Senhor. Grandes calamidades estão presentes em todos os momentos históricos da vida do povo; o risco de esfriar na fé é constante diante das tribulações e da pluralidade de referências no mundo; há sempre pessoas, sistemas e estruturas que se impõem contrárias a Cristo e seu projeto (Anticristo); a pregação contínua do Evangelho a todos e o desejo profundo de não excluir os judeus apontam para a consciência da tarefa do discípulo-missionário. Esses sinais impedem a Igreja de se acomodar e ajudam os crentes a libertar suas energias para enfrentar a gravidade da hora presente.

Esperar a parusia é crer que Cristo venceu a injustiça, a dor, o pecado e a morte. Anunciar o triunfo do Reino dando testemunho da verdade é combater o mal para que se imponha a justiça e a vida. Proclamar a parusia sem ter obras que acompanham o anúncio, antecipando e autenticando o proclamado, é degenerar a verdade em palavras vazias. O Reino anunciado chega se os anunciantes realizam as obras do Reino.

A parusia de Cristo está sempre acontecendo, e o mundo está sempre chegando ao seu final com a morte e a ressurreição de cada um (escatologia da pessoa), ainda que de forma parcial, aguardando a escatologia do mundo. Portanto, na morte de cada pessoa há o encontro com Cristo, porém a consumação como plenitude só acontecerá com o fim da história.

Trata-se de um acontecimento real e verdadeiro, não simplesmente um símbolo. O véu da fragilidade que esconde a realeza de Jesus precisa rasgar-se para dar lugar à visão. A parusia olhada a partir de Cristo é a revelação de algo presente: ele é o Senhor! No entanto, ela só será completa quando acontecer o encontro de todos com o Senhor no face a face e o cosmo for transformado.

Ao abordar a presença constante de Cristo no mundo, ainda que velada, destaca-se o elemento de continuidade: é o mesmo Senhor e Cristo. No entanto, há um elemento de descontinuidade e novidade. A revelação clara do Senhor para todos manifesta a ressurreição dos mortos, o juízo, a nova criação e a vida eterna (cf. 1Cor 15,23-28). Sua aparição gloriosa pressupõe nossa participação (cf. Cl 3,4), a ressurreição dos seus (cf. 1Cor 15,20) e a transformação do cosmo (cf. Rm 8,19-23).

Ressurreição dos mortos, juízo e nova criação não são acontecimentos separados, mas um único evento realizado pelo poder de Deus, conduzindo o Reino à sua plenitude. Reflete-se, separadamente, apenas por uma questão didática, para favorecer a compreensão.

A invocação *maranatha* na comunidade cristã das origens é a esperança de que todos ressuscitem com Jesus. Pode-se falar da Páscoa do mundo ou da criação da mesma forma que se fala da Páscoa de cada ser humano. Todavia, vale enfatizar mais uma vez: não se trata da vinda de Deus ao mundo como se estivesse ausente, mas trata-se de o mundo e todos os seres humanos, pela acolhida da graça, participarem de Deus. Este é o último estágio da transformação do ser humano e do cosmo em Cristo.

Cristo não pode ser chamado de futuro, pois ele já vive e é a *plenitude* e a *totalidade*. O futuro é aguardado por nós. A Páscoa de Cristo já está completa, em nós será completada com a nossa glorificação e a transformação do universo. As imagens usadas pelo Novo Testamento não são descrições ou reportagens de como as coisas irão acontecer, mas imagens que comunicam algo indescritível que ultrapassa a experiência cotidiana. A parusia transcende e ultrapassa a história.

Compreensões temporais da parusia

Entre os evangélicos surgiram formas diferentes de compreender a parusia. O *dispensacionalismo*, teoria desenvolvida por John Darby (1800-1882), fundador do movimento evangélico "Irmãos de Plymouth" (Igreja de Irmãos), baseia-se na forma de Deus gerenciar, dispensar sua ação em diferentes períodos de tempo. Ele afirma que a "segunda vinda" de Cristo será um acontecimento no mundo físico e faz uma diferenciação entre o "arrebatamento" dos cristãos e a "vinda" de Cristo.

O "arrebatamento" se realiza, com os crentes ressuscitados junto com os vivos, se encontrando com Cristo nos ares (cf. 1Ts 4,13-18; 1Cor 15,50-54). Acontecerá antes da Grande Tribulação (cf. 1Ts 5,9; Ap 3,10), como forma de libertação para os crentes (cf. 1Ts 4,13-17) e secretamente. A "vinda" do Senhor Jesus derrotará o Anticristo e estabelecerá o Reino Messiânico milenar na terra (cf. Ap 19,11-16) depois da Grande Tribulação. O confronto entre Cristo e o Anticristo ocorrerá também na terra (a batalha do Armagedom), visível para todos, julgando e condenando os incrédulos. Na América Latina há um grande número de evangélicos que seguem tal posição. No Brasil, a teologia dispensacionalista tem sido difundida pelas anotações bíblicas feitas por Cyrus Ingerson Scofield (1843-1921) na *Bíblia de Scofield* (1907).

Historicamente, no meio evangélico a vinda de Cristo é compreendida, dentro do dispensacionalismo, com duas posições: o *pré-milenismo* e o *pós-milenismo*. O *pré-milenismo* ou *pré-milenarismo* afirma que há duas ressurreições na humanidade. A primeira, com a separação da alma do corpo com a morte; a segunda, após a vinda de Cristo, com a ressurreição física do corpo unindo-o novamente à alma. Entre a primeira e a segunda ressurreição há um período de mil anos em que Cristo governará o mundo. Pelo fato de a "segunda vinda" ser anterior aos mil anos do Reino, o período é chamado de pré-milenismo.

O *pós-milenismo* ou *pós-milenarismo* afirma que a "segunda vinda" só acontece após os mil anos. No entanto, algumas correntes pós-milenaristas entendem o milênio como um número simbólico para falar de um longo e indefinido tempo. Para os pós-milenistas, Cristo instaurou seu Reino no mundo e sua Igreja reina com Cristo disciplinando as nações. Satanás está amarrado, ainda que tenha "força residual" de enganar os povos. Contudo, não se trata de um poder total. Haverá um momento em que Cristo virá em sua glória, destruirá Satanás e realizará a segunda ressurreição.

Pré-milenistas e pós-milenistas têm a mesma concepção a respeito das duas ressurreições: a primeira da alma, a segunda do corpo que se unirá à sua alma. Para os dois grupos, Reino e milênio são sinônimos. O ponto de divergência está em que os primeiros afirmam que o Reinado de Cristo só acontecerá no futuro, após a "segunda vinda", e os pós-milenistas afirmam que já se vive no Reino dentro do milênio.

Essa concepção da "vinda" de Cristo a qualquer momento, sabendo que a parusia está intimamente ligada ao juízo, passa a ser vivida num clima de medo, ao invés de ser esperada com alegria. Pouco a pouco, o anúncio da

Alegre Notícia – o Evangelho – vai se tornando uma proclamação para fugir dos castigos vindouros. O Cristianismo passa a fazer a "Pastoral do Terror" mostrando um Deus intolerante com as limitações humanas, severo em seu julgamento e pronto para castigar. Perde-se a imagem do pai compassivo e misericordioso que cobre de beijos o filho pródigo, que se alegra e festeja sua volta.

Compreensões do ser humano

Para entender, no mundo evangélico, principalmente brasileiro, a concepção negativa a respeito do ser humano, a pastoral do medo e a pregação como fuga dos castigos, quando se fala da vinda de Cristo e do juízo, é necessário lembrar a história do Protestantismo. Não se trata de aprofundar o tema, mas apenas de assinalar alguns aspectos que ajudam na compreensão atual.

Monges agostinianos levaram ao extremo a antropologia pessimista de Agostinho (354-430) difundindo-a pela Europa. Lutero, ex-monge agostiniano, e Calvino, herdeiros dessa tendência, concebem o ser humano como decaído e profundamente corrompido. Na linha contrária, na Holanda, *Jacobus Arminius* (1560-1609), influenciado pelo humanismo de Erasmo de Roterdã, reage à concepção calvinista propondo uma visão positiva do ser humano. Fala da vontade livre da pessoa para acolher ou rejeitar a graça, da eleição condicionada pela sua abertura ou fechamento, da expiação universal dos pecados feita por Cristo e do impedimento e da decadência da graça na vida do ser humano, quando este abandona sua condição de salvo e volta a ser pecador.

A reação não demorou muito tempo. Reunidos no Concílio de Dort, Holanda, e usando um acróstico formado pela palavra tulipa – *tulip* em inglês –, flor símbolo deste país, os calvinistas rejeitam os ensinamentos de Jacobus Arminius e de seus alunos e definem os cinco pontos da fé calvinista:

Total Depravity – Total Depravação

Uncondicional Election – Eleição Incondicional

Limited Atonement – Expiação Limitada

Irresistible Grace – Graça Irresistível

Perseverance of the Saints – Perseverança dos Santos

Com esses cinco pontos afirmam o estado de corrupção humana pelo pecado, como total depravação e escravidão por Satanás. Contestam o *arminianismo* dizendo ser impossível ao pecador acolher a graça de Deus. A escolha ou eleição daqueles que serão salvos é feita por Deus (doutrina da predestinação). Cristo expia os pecados somente dos salvos, que estão diante da ação irresistível da graça e perseveram para sempre na santidade.

Jacobus Arminius e seus seguidores foram considerados heréticos por afirmarem que o ser humano por si só é capaz de querer ou não ser salvo. Segundo os calvinistas, a consideração do livre-arbítrio da pessoa não regenerada nega a soberania divina, tema central do Calvinismo que dá sentido à doutrina da predestinação. Essa tendência antiarminiana penetrou nos Estados Unidos e influenciou o Protestantismo. No Brasil, o Protestantismo de missão de cunho estadunidense disseminou essa tendência. Por um lado, ela é negativa e aterrorizante a respeito do fim último do ser humano; por outro, corrige uma antropologia exageradamente otimista.

Olhando atentamente os Evangelhos, vemos que a parusia descrita por Jesus não é um evento reservado para um futuro imediato (cf. Mt 13,40.49). Não se trata de um evento para ser temido, mas para ser desejado. Por que o encontro com a razão e o sentido da vida humana, o autor da salvação, o poeta da misericórdia e compaixão de Deus (José Antonio Pagola), deve inspirar medo e terror?

O momento da parusia

Para alguns teólogos, a "vinda" de Cristo acontece no momento da morte do indivíduo. Assim, Rudolf Bultmann, na tradição protestante, fala da parusia como o encontro com Cristo na morte, baseada na decisão pessoal do crente de ter uma existência autêntica. Essa abordagem é positiva ao trazer a parusia para a dimensão existencial e enfatizar a decisão pessoal diante da Palavra de Deus. No entanto, o encontro com Cristo na morte do indivíduo não pode ser um fato privado, desligado de suas relações comunitárias, sociais e cósmicas. Bultmann destaca também a "historicidade" como o "poder ser" da pessoa autêntica. Infelizmente, não leva em conta o mesmo ser humano como sujeito transformador da história. Na sua reflexão teológica, há uma perda do sentido de tempo, o que foi realizado no passado, o vivido no presente sendo carregado com o sujeito para dentro de seu futuro, pois nada do que é feito se perde (cf. Mt 10,42). Bultmann fica com o significado privado da parusia, mas perde a parusia como fato, como evento.

Na Tradição católica, os teólogos Gisbert Greshake e Gerhard Lohfink afirmam que na morte e ressurreição de cada indivíduo acontece o "último dia" com o encontro com o Senhor. Ambos possuem o mérito de personalizar a parusia no momento da morte individual, mas não abordam sua dimensão coletivo-social. Isso conduz à perda da história e sua redenção, além da privatização deste evento fundamental da fé. Se tudo caminha indefinidamente, apesar de minha morte individual, a história, a humanidade e o mundo não podem ser redimidos, pois não têm término nem meta. A história diluída na historicidade, o temporal no existencial (Bultmann) e o coletivo-social esquecido diante do destino individual (Greshake e Lohfink), fazem com que as Sagradas Escrituras, a teologia, a catequese e a pregação percam sua dimensão crítico-libertadora.

Christian Duquoc e Jürgen Moltmann, dois grandes teólogos, o primeiro católico e o segundo protestante, chamam a atenção para a ressurreição como "dado objetivo", entendido como um fato verdadeiro e real. A parusia deve ser compreendida também na sua "objetividade". Se há o realismo da encarnação, morte e ressurreição de Cristo, exige-se a mesma "objetividade", ou seja, a realidade e a verdade da parusia como um evento. Não se trata de um mito, uma lenda ou metáfora, ainda que se fale desta realidade profunda usando o recurso da analogia, da parábola, da metáfora e dos símbolos.

Karl Rahner, teólogo católico, já havia lembrado que o "eu" é constituído de história e de mundo, existindo na corporalidade/matéria. Essa vivência histórica e relacional com o mundo, com os outros, sua corporalidade/materialidade são interiorizadas. Na ressurreição desse ser humano, tudo o que faz parte de sua identidade é glorificado. O acento na glorificação do indivíduo pela ressurreição e seu encontro com o Senhor devem levar em conta os seus sonhos, os projetos que construiu e as relações estabelecidas. Estas incluem as pessoas que foram amadas e a contribuição dada para a humanização deste mundo e para a libertação dos irmãos. Tudo isso mediado pela corporeidade, afetividade e sexualidade. Desconsiderar isso é perder de vista algo essencial na vida humana.

Cada teólogo oferece sua contribuição na reflexão a respeito da parusia, no entanto ainda permanece a pergunta: pode-se identificar a vinda de Cristo com a morte e ressurreição de cada indivíduo? Sim, pois este, na morte e na ressurreição, se encontra com o Senhor (cf. 1Cor 13,12). Entretanto, não se pode deixar de afirmar a dimensão comunitária, social e cósmica das relações humanas. O encontro com o Cristo na morte (escatologia da pessoa) ainda é incompleto sem a transformação do cosmo por Cristo no fim da história (escatologia do mundo). Não basta compreender a matéria e a história interiorizadas. Para que a redenção seja completa, a transformação da matéria e da história é necessária.

Abordar o tema do fim da história não significa afirmar o término de tudo como uma catástrofe cósmica. Por exemplo, uma guerra atômica. Abordar a vinda de Cristo não é tratar do envelhecimento do planeta, esgotamento de suas energias (entropia) ou catástrofes, ainda que tais realidades sejam possíveis. Não se pode dizer que é o término do mundo que produz a parusia, é exatamente o contrário, a parusia realiza o término da história, da humanidade e do mundo plenificando-o e consumando-o. Deus sempre é Criador e Salvador.

Deve-se entender a "vinda" de Cristo na morte de cada pessoa, salvaguardando a dimensão social e cósmica da vida do indivíduo, e a grande restauração ou recriação daquele que "faz novas todas as coisas" no término da história (cf. Ap 21,5).

Como foi apresentado no capítulo anterior, o momento da morte é o momento derradeiro, o encontro definitivo com Cristo. A ressurreição da pessoa já acontece no momento da morte (cf. Lc 16,19-31; 23,39-43), rompendo, como o Ressuscitado, as categorias do tempo e do espaço.

Karl Rahner cunhou as expressões "pancósmico" e "pancrônico" para refletir a respeito do espaço e do tempo para aqueles que, ressuscitados, participam da natureza de Deus (cf. 2Pd 1,4). Abordou questões difíceis com clareza ao afirmar que Deus se faz presente em todo tempo e lugar. O mesmo acontece com aqueles que participam da vida divina pela ressurreição. Eles não estão acorrentados a um lugar determinado ou presos no passado. Por isso, o encontro pessoal com Cristo na morte e ressurreição do indivíduo é também, de certa forma, o encontro de todos os seres humanos.

Essa experiência particular se realiza dentro da experiência coletiva. Jürgen Moltmann assinala que não se deve opor tempo e eternidade. No ato criador o tempo surge da eternidade se desdobrando na experiência humana de passado, presente e futuro. Usando a categoria de "simultaneidade", Moltmann ajuda a entender a relação da parusia, na morte singular de cada pessoa, articulada com a vinda do Cristo na consumação do universo. O que pensamos presos ao tempo cronológico como passado, presente e futuro para Deus é simultâneo. Tempo e espaço não são abolidos, mas vivenciados de outra forma.

A restauração, a nova criação de tudo em Cristo com a transformação do cosmo, tema abordado no capítulo VI, e aguardada na esperança pelos crentes, está em estreita relação com o destino individual e coletivo.

O processo histórico é um processo limitado, não é algo indefinido, sem fim. Há a *criação* (começo) como ponto alfa e a *consumação*, plenitude, marcada pela esperança, como ponto ômega (objetivo, finalidade). Para que a história tenha sentido ou algum significado, é necessário ter meta, objetivo, um alvo para o qual tende. A parusia, no Novo Testamento, fecha a história, conclui consumando, transfigura plenificando. Ela é fim como término e como finalidade de todo o processo.

O juízo

As Sagradas Escrituras utilizam imagens do tribunal, liquidação de contas, pagamento dos operários, ceifa, separação das ovelhas dos cabritos, dos peixes bons e maus para referir-se ao juízo (cf. Mt 5,25-26; 20,1-16; 25,33). O Antigo Testamento aponta o "dia de Iahweh" como dia de luz ou dia de trevas para os soberbos (cf. Dn 12,1-13). Diante de Deus estarão todas as nações, os habitantes da terra inteira do princípio até o fim dos tempos. Deus retribuirá a cada um segundo as suas obras (cf. as omissões, cada palavra proferida para o bem ou para o mal, as intenções do coração e nosso amor aparecerão em seu sentido profundo [cf. Ap 20,12]).

Juízo particular

Didaticamente, Leonardo Boff faz uma diferenciação entre o *juízo crise*, chamado de particular, e o *juízo escatológico* ou final. Ambos são inseparáveis do encontro com o Cristo Vivo e Ressuscitado, evento que é chamado de "vinda" ou parusia. Aquele que virá é o mesmo que sempre está presente e já veio num momento determinado da história (cf. Jo 1,14; Mt 28,20). No *juízo crise*, o encontro do ser humano com o Senhor, cuja compaixão, carinho e ternura são inesgotáveis, coloca às claras o significado da vida de cada um. Nesse momento, o ser humano vê a si mesmo, o que foi e o que deixou de ser, suas potencialidades desenvolvidas ou embotadas, as consequências de seus atos e decisões na história e nas pessoas, aquilo que acreditou e investiu ou deixou de acreditar e investir na sua vida. Vendo-se em tamanha nudez diante do Senhor, que o ama de forma gratuita e incondicional (cf. 1Jo 4,8; Gn 3,8-10; Sl 139), a pessoa discerne com clareza a situação na qual se encontra.

Capacitado pela graça divina, chega à raiz de seu ser, contempla tudo encharcado pela presença amorosa do Ressuscitado, que plenifica a criação. Trata-se de um encontro onde caem todas as máscaras, desvelam-se todas as mentiras. O negativo aparece em sua negatividade e o positivo, em sua positividade. Tudo vem à luz: a dureza e o fechamento do coração, o altruísmo e a solidariedade, a corrupção e o mau juízo, a honestidade e a postura compassiva diante do irmão; a boa e a má vontade para com os outros, o investimento da própria vida naquilo que é duradouro ou a existência superficial e banal. O pecador, que caminhou no fechamento a Deus e aos irmãos, encontra-se em crise terrível ao saber o quanto desperdiçou de sua vida e não fez caso do imenso amor recebido de Deus e dos outros.

Já em vida a pessoa se depara com a situação de crise e juízo. Confrontada com a Palavra de Deus, com a vida daqueles que testemunham Cristo e os valores do Evangelho, implícita ou explicitamente; com o grito dos pobres e excluídos, o gemido da criação, confrontada pelos seus próprios problemas, pelo sofrimento e pelo mal, pela alegria e pelo prazer, ele pode – acolhendo a graça de Deus – dar um novo rumo à sua vida. Em todo momento se é interpelado por Deus. Na hora de tomar uma decisão importante, como casar, ter filhos, escolher uma profissão; diante de certos fatos e acontecimentos, como uma crise familiar, desemprego, perda de alguém querido; no encontro com pessoas ou categorias injustiçadas e humilhadas; diante do meio ambiente depredado e da falta de ética na política, a pessoa não só exerce seu poder de decisão pelo livre-arbítrio, mas decide a respeito de quem quer ser (opção fundamental). A cada momento o ser humano se encontra em uma situação de juízo, ou seja, discernimento/decisão.

O "juízo crise", ou particular, acontece no momento da morte, no encontro face a face com o Cristo. Ele é vivido de forma mais intensa do que os diversos juízos na história. Não é um balanço matemático sobre o passado para contabilizar saldos e dívidas, mas a irrupção de toda decisão, aquilo que o homem e a mulher semearam na história. As pequenas opções parciais do dia a dia foram plasmando a Grande Decisão por Deus ou contra o Senhor, a favor ou contra o próximo.

O apóstolo Pedro lembra que

Deus ressuscitou Jesus ao terceiro dia e concedeu-lhe que se tornasse visível, não a todo o povo, mas às testemunhas anteriormente designadas por Deus, isto é, a nós, que comemos e bebemos com ele, após sua ressurreição dentre os mortos. E ordenou-nos que proclamássemos ao povo e déssemos testemunho de que ele é o juiz dos vivos e dos mortos, como tal constituído por Deus. Dele todos os profetas dão testemunho de que por meio de seu nome receberá a remissão dos pecados todo aquele que nele crer (At 10,40-43).

Portanto, aqueles que amaram de verdade não possuem nenhuma razão para o medo e o desespero. O que foi vivido de forma incipiente, fragmentária e imperfeita chega, nesse momento, em sua clareza, diante de Cristo (cf. 1Cor 13,12). O juízo crise pode ser comparado com alguém que gosta de fazer trilhas e escalar. Sobe, ao entardecer, uma alta montanha para passar a noite e ver o raiar do sol. No entardecer ainda não é possível ver a beleza e os detalhes da natureza exuberante. O nascer do sol traz a visão límpida e bela da realidade contemplada.

O juízo crise, ou particular, é o confronto com a grande luz – Cristo Jesus. Trata-se da sorte definitiva a partir do comportamento ético-religioso, pois depende da liberdade pessoal e das "podas" necessárias realizadas durante a vida da pessoa pelo Grande Agricultor. No entanto, não é uma suposta sentença judicial emitida no último dia como condenação de Deus, mas a constatação/clareza a partir da Palavra do Senhor que torna pública a situação da pessoa (cf. Jo 3,17-19; Rm 8,31-34). O Rei apenas constata o que foi vivido dentro da história. Uns são benditos e outros são malditos pelo que fizeram ou deixaram de fazer aos irmãos mais pobres e excluídos (cf. Mt 25,31-46). Mateus chama a atenção para a postura humana de amor/desamor e João para a atitude de fé e incredulidade. Resumindo, pode-se dizer que o juízo particular é o desvelamento da posição assumida durante a vida na história diante de Cristo (fé/incredulidade) e diante do irmão (amor/desamor). Ser pessoa significa viver responsavelmente cada momento como a hora da decisão, participando da causa de Cristo, que é a causa dos que sofrem.

O juízo é sempre para a salvação (cf. Lc 10,18-20). Paulo fala que "é necessário que este corpo corruptível se revista da incorruptibilidade e este ser mortal da imortalidade" (1Cor 15,53) ao afirmar a vitória de Cristo sobre os poderes hostis. No Novo Testamento, parusia e juízo estão unidos nas proclamações de fé, pois a vinda de Cristo é a chegada em plenitude do Reino de Deus, presente em sinais na história. Quando a Igreja primitiva proclamava sua fé no Cristo Juiz, ressoava a ideia da graça salvadora e vencedora. Infelizmente, com a influência latina, pois Roma possuía um sistema de leis bem desenvolvido, a compreensão bíblica de juízo como clareza e discernimento, salvação e vitória passa a ser uma ideia jurídica de condenação e absolvição. João afirmava: "Nisto consiste a perfeição do amor em nós: que tenhamos plena confiança no dia do julgamento, porque tal como ele é também somos neste mundo" (1Jo 4,17). Da confiança se passou à insegurança e à angústia. O dia do Senhor foi compreendido como manifestação da ira e da vingança divinas.

Juízo universal

A reflexão sobre o juízo particular ou pessoal pede uma palavra a respeito do *juízo universal* ou *escatológico*, ainda que de forma sintética, pois este é o tema do Capítulo VI. Ele revela a profunda articulação da pessoa com o todo. Não são dois juízos, mas um só, ao revelar a pessoa na sua vinculação e relação com a história, a sociedade e o cosmo. O juízo escatológico que acontecerá com a transformação do mundo realiza a justiça e o sentido da criação, ou seja, justifica – no sentido paulino – a realidade e a ação humana em sua globalidade. Trata-se da alegria do triunfo que consuma os juízos parciais e fragmentários, os atos salvíficos que impulsionaram a história. Os acontecimentos do dia a dia possuem um significado, muitas vezes obscuro ou velado, na sua orientação para a meta final. Deus, sem dúvida alguma, continua atuante no mundo, impulsionando a realidade para a plenitude.

Depois de entender a parusia como a "vinda em glória de Cristo Jesus" e o juízo como decisão e discernimento na vida da pessoa que se encontra diante do Senhor, pode-se dizer que parusia é juízo e o juízo é parusia. Tudo ganha clareza no encontro com o Glorificado.

A vinda do Senhor Jesus com poder confirma a soberania de Deus. Pessoa, sociedade e cosmo são chamados a uma total cristificação, ou seja, deixar-se transformar pela presença do Ressuscitado numa transparência que revela Deus. As relações humanas e sociais, tecidas dentro da história, não são neutras. Elas têm um impacto sobre o universo. O juízo universal ou escatológico revela as consequências positivas e negativas da vida de cada um contribuindo para a humanização ou desumanização do cosmo, mas também recria "novos céus e nova terra".

Impõe-se uma série de tarefas para ajudar o Povo de Deus a vivenciar desde já a vinda de Jesus e o seu juízo, tais como:

- trabalhar melhor o tema da esperança na catequese, nas escolas dominicais, na pregação, na formação dos membros da comunidade;

- mostrar a importância da conversão no dia a dia, do comprometimento ético, do cuidado com o meio ambiente e do amor/serviço aos irmãos, especialmente aos pobres e excluídos, como forma de viver a vigilância cristã;

- valorizar mais os diversos sinais da presença e do encontro com o Ressuscitado, tais como: a proclamação da Palavra, a celebração da Ceia do Senhor, a pessoa do ministro, a comunidade reunida, o testemunho coerente dos irmãos e os apelos feitos pelos sofredores de nosso mundo;

O TEMPO DA COLHEITA. A "SEGUNDA VINDA" DE CRISTO E O JUÍZO

- enfatizar que a espera pela vinda do Senhor deve ser aguardada sem se descuidar da missão evangelizadora da Igreja, que pressupõe o empenho por um mundo mais justo e humano;

- abordar a imagem do Cristo compassivo e misericordioso, revelada pelos Evangelhos, para afastar o medo do juízo e do encontro com o Senhor. O medo conduz ao mecanismo de defesa e leva à vivência de um individualismo religioso, cujo principal objetivo é "salvar a minha alma". Renold Blank, em uma pesquisa, mostrou que muitos cristãos, para fugir do medo, abraçaram a doutrina da reencarnação, cujo anúncio do futuro pós-morte é abordado de forma mais positiva;

- ultrapassar a pregação baseada em ameaças para o anúncio do poder da graça de Deus e do seu infinito e incondicional amor.

Parusia e juízo enfatizam o encontro com o Cristo, cujo coração misericordioso estava aberto para acolher o pecador. Trata-se da vitória do bem sobre a maldade, como destaca tão bem a música *Juízo Final*, de Nelson Cavaquinho:

> O sol há de brilhar mais uma vez
>
> A luz há de chegar aos corações
>
> Do mal será queimada a semente
>
> O amor... será eterno novamente
>
> É o Juízo Final, a história do bem e do mal
>
> Quero ter olhos pra ver a maldade desaparecer.

Conclusão aberta

1) A salvação acontece dentro da história (já) direcionando-se para a plenitude (ainda não). A atitude do cristão, assinalada pelo Novo Testamento, compreende perseverança, fidelidade e vigilância. Sem fixar data para o fim e sem se acomodar aos esquemas do mundo, o cristão, como "sal, luz e fermento", vai transformando a realidade.

2) O juízo e a vinda de Cristo fazem parte do processo da morte e ressurreição do crente. Trata-se do encontro definitivo com o Deus Amante, o Cristo – poeta da compaixão do Pai (José Antonio Pagola) – e com o Espírito de amor. Não pode ser um evento para ser temido, mas sim sempre desejado. A "Pastoral do Terror", feita pelas Igrejas com pregações que enfatizam o castigo com a vinda do Cristo, distorce o sentido da Alegre Notícia do Evangelho.

3) Os escritos do Novo Testamento tratam o tema da parusia como vinda, mas sem assinalar a ausência de Cristo do mundo. Justino, escritor da época patrística, foi quem contrapôs a "segunda vinda de Cristo" à primeira (encarnação). Essa expressão, conforme tem sido utilizada e compreendida pelas Igrejas cristãs, distorce os dados fundamentais da Palavra de Deus. Há somente uma vinda de Cristo, porém com etapas diferenciadas: encarnação, morte e ressurreição (glória), soberania e senhorio de Deus sobre todas as coisas.

4. A vinda de Cristo, ou a visão "face a face" na morte e ressurreição do crente, chamada de juízo particular, articula-se com o juízo universal. O crente discerne o que foi sua vida em suas relações pessoais, comunitárias, sociais e cósmicas. Ele não é um indivíduo isolado, mas um ser em relação. Esse juízo definitivo na morte já está acontecendo ao longo da sua história pessoal e coletiva, porém ainda de forma imperfeita, fragmentária e obscura. A parusia e o juízo serão plenos quando o universo for transformado pelo poder da graça de Deus.

5) Para clareza didática, distingue-se a parusia e o juízo de Deus, faz-se a diferença entre o juízo crise e o juízo escatológico (Leonardo Boff). O primeiro diz respeito à vida do indivíduo, ao seu comportamento moral. O segundo acena para o mundo transformado pelo poder da graça de Deus. Ambos sinalizam a redenção perfeita da obra de Deus.

Oração

Senhor Jesus, eu te suplico, deixa-me ver a tua face! Mostra-me, Senhor, o Pai, e isto me bastará, pois sei que o Deus que ninguém viu ou pode ver se revelará como ele mesmo é no dia do meu encontro definitivo contigo. Ao cruzar a soleira da porta da morte, consola-me a certeza: "Tu virás acolher-me em teus braços compassivos e misericordiosos". Senhor, eu não temo o dia do juízo, mas o aguardo ansiosamente. Nesse glorioso dia terei a clareza e o discernimento a respeito do que foi minha vida. Contemplarei minha relação contigo, com os outros e com todo o universo no qual estou inserido. Verei as consequências positivas e negativas dos meus atos na história que procurei construir. Sabendo que procurei pautar minha vida pela tua graça, minhas obras passarão pelo fogo do teu infinito Amor e serão purificadas de toda ambiguidade. Então celebrarei a vitória na felicidade sem fim da tua promessa realizada.

Amém.

Textos dos teólogos

1. "Essa imagem do processo do retorno do Senhor e, com isso, da consumação de nossa história 'ao longo' das mortes das pessoas individualmente não pode ser mal compreendida, como se por isso a consumação histórica significasse apenas uma gigantesca soma dos vários encontros finais, individuais e pessoais com Cristo. Não; sem dúvida, o encontro das pessoas com o Cristo que retorna na morte delas concerne a essa pessoa direta e insubstituivelmente de modo totalmente pessoal, mas jamais como indivíduo isolado! Pois, nesse encontro, os indivíduos são ao mesmo tempo acolhidos no 'espaço de vida' comum da salvação dado a elas; no 'corpo de Cristo', do Ressuscitado. Esse 'corpo do Ressuscitado' é o 'lugar', ou melhor, o 'meio' obrigatório de todos os homens que entram na consumação. O que vale aqui na terra para o 'corpo de Cristo' – na Eucaristia e na Igreja como um todo – atinge a consumação com o retorno do Senhor: encontramos nossa salvação em Deus apenas na medida em que ao mesmo tempo somos sempre 'inseridos' na grande 'comunidade dos santos'. Esta engloba todos os justos do mundo, a partir do 'justo Abel'; na morte, eles também trazem o 'fruto' de sua vida para Cristo, constituindo assim o corpo comunitário do Senhor Ressuscitado. Isso é, com toda clareza, algo totalmente distinto da mera 'soma' de todos os salvos! Trata-se da unidade – formada pelo Espírito de Deus para a inter-relação definitivamente bem-sucedida – de todos os homens

que na vida e na morte aceitaram de alguma maneira (especialmente na Eucaristia) o corpo de Cristo e, por isso, na morte participam do 'corpo' vivo da ressurreição.

Quando esse processo se consumará para todos, ou seja, quando e como o fim da história universal dos homens ocorrerá concretamente, isso não sabemos. Tampouco precisamos saber. Devemos estar vigilantes; essa é a única coisa que nos recomendam as Sagradas Escrituras: estar vigilantes em relação à vinda pessoal e universal do Senhor. Essa vigilância não tem nada a ver com o olhar obstinado, fixo em possíveis prenúncios de um fim do mundo; do ponto de vista da fé, isso não tem nenhum sentido e apenas induz a erro. A Bíblia insiste em nos precaver contra isso porque é algo que desvia os homens do confiante olhar para o que é necessário agora em termos de amor e empenho por nossa terra" (KEHL, Medard. *O que vem depois do fim?* São Paulo: Loyola, 2001. p. 116-117).

2. "A afirmação básica é que o fim sempre presente na história eleva o conteúdo positivo da história para dentro da eternidade e, ao mesmo tempo, exclui o negativo de qualquer participação nela. Portanto, nada do que foi criado na história se perde, mas é libertado do elemento negativo com o qual se acha mesclado na existência. Na elevação da história à eternidade, o positivo se manifesta como inequivocamente positivo, e o negativo se manifesta como inequivocamente negativo. A vida eterna abarca, pois, o conteúdo positivo da história, libertado de suas distorções negativas e plenificado em suas potencialidades. A história, nesta afirmação, é primordialmente história humana. Mas, já que existe uma dimensão histórica em todos os âmbitos da vida, todos eles estão incluídos nesta afirmação, embora em diferentes graus. A vida universal se encaminha ao fim e é elevada à vida eterna, seu fim último e sempre presente.

Simbolicamente falando, poderíamos dizer que a vida no conjunto da criação e, de forma especial, na história humana contribui a cada momento do tempo para o Reino de Deus e sua vida eterna. O que acontece no tempo e no espaço, na mais minúscula partícula da matéria, assim como na maior personalidade, possui importância para a vida eterna. E, visto que vida eterna é participação na vida divina, todo acontecimento finito tem significado para Deus" (TILLICH, Paul. *Teologia sistemática*. 5. ed. São Leopoldo: Est/Sinodal, 2005. p. 825).

Conversa em grupo

1. Como podemos ajudar nossas Igrejas a retomarem a importância da parusia de Cristo a partir da alegre expectativa e não pelo medo e pelo terror?

2. O que você acentua como elementos novos para a sua compreensão a respeito da parusia – "vinda" de Cristo e o juízo?

Para aprofundar

BLANK, Renold. *Esperança que vence o temor. O medo religioso dos cristãos e sua superação*. São Paulo: Paulinas, 1995.

BOFF, Leonardo. *Vida para além da morte*. Petrópolis: Vozes, 1973. p. 46-66.

BRUSTOLIN, Leomar Antonio. *Quando Cristo vem... A parusia na escatologia cristã*. São Paulo: Paulus, 2001.

GIBELINI, Rosino. *A teologia do século XX*. São Paulo: Loyola, 1998. p. 39-45 (sobre Bultmann).

KEHL, Medard. *O que vem depois do fim?* São Paulo: Loyola, 2001. p. 137-148.

LA PEÑA, Juan L. Ruiz de. *La Pascua de la criación. Escatología*. Madrid: Biblioteca de Autores Cristianos, 1996. p. 123-148, 279-292.

LIBANIO, João Batista; BINGEMER, Maria Clara L. *Escatologia cristã*. Petrópolis: Vozes, 1985. p. 225-245.

MOLTMANN, Jürgen. *A vinda de Deus. Escatologia cristã*. São Leopoldo: Unisinos, 2002. p. 114-137.

POLITI, Sebastián. *História e esperança. A escatologia cristã*. São Paulo: Paulinas, 1996. p. 163-209.

ROLDÁN, Alberto Fernando. *Do terror à esperança. Paradigmas para uma escatologia integral*. Londrina: Descoberta, 2001. p. 77-100.

TILLICH, Paul. *Teologia sistemática*. 5. ed. São Leopoldo: Est/Sinodal, 2005. p. 822-848.

V

O céu.
Festa preparada e celebrada

Paulo Roberto Gomes

Introdução

Maria da Luz é católica praticante e todos os sábados, quando vai à feira do seu bairro, encontra-se com Pedro, evangélico de uma Igreja pentecostal. Apesar de pertencerem a denominações cristãs diferentes, Maria da Luz e Pedro são vizinhos e a convivência é muito boa, um respeitando a Igreja do outro. Num sábado, quando se encontraram como de costume, conversaram a respeito de Joana, que havia falecido naquela semana. Joana era uma mulher estimada por todos no bairro. Ainda que não frequentasse nenhuma Igreja, considerava-se cristã, gostava de visitar os doentes e era membro ativo da Associação de Moradores. Socorria a todos na hora dos apertos, seja levando alguém para o hospital, seja providenciando cestas básicas para quem estava desempregado, seja resolvendo problemas do bairro junto com a comunidade.

Para Maria da Luz, uma pessoa assim só pode estar junto de Deus no céu. Para Pedro, pelo fato de essa mulher não ter professado sua fé de forma explícita em Jesus Cristo, como único Salvador, não há salvação. Além do mais, ainda que Joana fosse uma crente convicta, estaria adormecida esperando a ressurreição do último dia. Pedro diz que antes da ressurreição e do Juízo Final a Igreja será arrebatada nos ares, Cristo instituirá seu tribunal e haverá uma grande tribulação na terra. Jesus voltará, colocará fim no império do Anticristo, julgará as nações e aprisionará Satanás. Somente depois haverá a ressurreição de todos os que morreram, seguida do Juízo Final e do estabelecimento de novos céus e nova terra.

Quando Maria da Luz e Pedro estavam conversando, chegou o Pastor Daniel, homem de fé, dedicado à oração e à leitura da Bíblia. O Pastor Daniel percebeu, com o tempo, em seu ministério, que o ato de orar e ler a Bíblia deve ser enriquecido com o estudo da teologia. Tendo se matriculado e feito um seminário, o Pastor Daniel entrou na conversa dos dois e mostrou-lhes como muitas vezes tomamos ao pé da letra as imagens que as Sagradas Escrituras desenvolveram para ilustrar uma realidade tão profunda e importante para os crentes.

As Sagradas Escrituras, para falar das realidades futuras, utilizam metáforas, símbolos e parábolas. É importante conhecer como o Antigo e o Novo Testamento e os teólogos tratam o tema da vida eterna. Esta abordagem será feita de forma resumida, sem pretensões de aprofundamentos, para ajudar na compreensão da teologia a respeito do céu e do inferno.

O céu no Novo Testamento

As pregações de Jesus, Paulo, Pedro e outros apóstolos abordam o tema da vida eterna usando imagens como paraíso, glória, céu, visão de Deus e outras mais. Jesus, através das parábolas, adaptadas aos ouvintes, refere-se às pérolas, pesca, rede, sementes etc. Algumas dessas imagens serão abordadas a seguir, sem, contudo, elencar ou esgotar todas.

a) *Banquete*. Quando os Evangelhos falam do banquete nupcial, remetem ao mundo da festa, à nutrição, à relação de amizade e, ao mesmo tempo, à entrega no amor pelo casamento, cujo ponto alto é a intimidade entre os esposos. Trata-se do prazer, da alegria e da gratuidade. Esquece-se o tempo cotidiano e entra-se na esfera de um tempo carregado de sentido, reconciliação e desfrute da presença das pessoas amadas (cf. Mt 22,1-14).

b) *Visão*. Quando o Novo Testamento alude ao céu como visão, aponta para a impossibilidade de vermos Deus neste mundo senão através do Filho e dos seus sinais. Ver o Senhor face a face no céu significa conhecê-lo profundamente, sentir, amar e relacionar-se com ele. Não se trata da visão física dos olhos, mas de uma forma profunda de conhecer e amar Deus, pois a melhor forma de ver é através do amor (cf. Jo 1,18; 2Cor 3,18).

c) *Vida eterna.* João apresenta o céu como vida eterna já recebida na fé. Jesus possui a vida, por isso pode dá-la. Ela consiste em conhecer o Deus Vivo e Verdadeiro e o enviado Jesus Cristo. Conhecer refere-se à comunhão íntima, amizade, familiaridade. A eternidade aparece como pura gratuidade, mesmo diante da vida humana ameaçada e precária. Não é entendida como prolongamento do tempo, mas como uma vida diferente (cf. Jo 3,36; 17,3).

d) *Vitória.* Aborda-se o céu como vitória, luta e competição para alcançar a meta, destacando que o ser humano participa de forma direta da graça de Deus. Não se trata simplesmente de um acolhimento passivo, mas dinâmico e exigente. Não se busca algo perecível e passageiro, mas a plena realização humana (cf. 1Cor 9,25; Tg 1,12).

e) *Reconciliação.* Reconciliar é tirar todos os obstáculos que impedem as relações entre o ser humano consigo, com os outros, com Deus e com o cosmo. A grande reconciliação se dará com o surgimento de "um novo céu e uma nova terra", quando todos serão revestidos definitivamente de Cristo e o mortal será absorvido pela Vida. Deus será tudo em todos como presença e transparência. Tudo será visto em Deus como princípio, centro e finalidade de todas as coisas (cf. 2Cor 5,1-4; 1Cor 15,28).

f) *Divinização.* A "divinização do ser humano" ou o "ser semelhantes a ele" relaciona-se com a visão de Deus, apontando para uma comunhão e transformação tão profundas com a Trindade que o ser humano torna-se participante da natureza divina. Este tema bíblico é muito importante para a teologia das Igrejas orientais que enfatizam a visão do Senhor alcançada pelo ser humano, através das energias divinas (graça), como participação do humano no ser de Deus. Trata-se de conhecer a Deus e ver a Cristo tal como ele é ou estar presente no Senhor (cf. 2Pd 1,4).

g) *Morada.* O evangelista João apresenta o céu como habitação do ser humano em Deus. O próprio Jesus diz: "Na casa de meu Pai há muitas moradas". Deus também habita no ser humano. Jesus assinala: "Se alguém me ama guardará minha palavra e meu Pai o amará e a ele viremos e nele estabeleceremos morada". O habitar "em" Deus e Deus "no" ser humano revela a perfeita comunhão entre o discípulo, praticante da Palavra, e seu Mestre (cf. Jo 14,2.23).

As parábolas das bodas, das dez virgens e do servo bom são outras imagens utilizadas pelos evangelistas, chamando a atenção para estar preparados para o encontro definitivo com o Mestre. Além das diversas parábolas, sobressai o relato do bom ladrão, crucificado com Jesus, em que Lucas usa uma preposição do grego (*meta*), cuja tradução acentua não só o acompanhamento do ladrão que estará com Cristo no paraíso, mas também associação estreita, vida compartilhada, comunhão com o mesmo destino, equivalendo ao "estar com Cristo" para "ser com Cristo" (cf. Mt 22,1-14; Lc 23,42s).

Outro relato é a morte de Estêvão, semelhante à morte de Jesus (cf. At 7,54-60), na qual Cristo é quem recebe o seu espírito (cf. Lc 23,46). Estar sempre com Cristo, para os cristãos, é deixar a existência temporal como "desejo de partir e ser com Cristo" (2Cor 5,8).

Essas e muitas outras imagens utilizadas no Novo Testamento revelam a forma rica de abordar a vida eterna utilizando comparações, ainda que precárias e imperfeitas, da realidade humana. No entanto, possibilitam certa aproximação daquilo que um dia será experimentado em plenitude.

A Bíblia, em suas primeiras páginas, apresenta a narrativa do paraíso. Ezequiel retoma essa imagem e, mais tarde, o livro do Apocalipse, ao falar de um lugar irrigado, com a árvore da vida germinando no centro (cf. Gn 2,8-17; Ez 47,12; Ap 22,1-2).

Paralelamente ao mundo bíblico, os gregos também descrevem lugares paradisíacos. O contato dos cristãos com os gregos pagãos leva os primeiros, no século II, a desenvolver a convicção de que os pagãos falam de algo que misteriosamente deriva do paraíso bíblico do Gênesis. O paraíso designado como o jardim do Éden, até o século VI, passa a representar, pouco a pouco, a felicidade eterna. Textos como Is 66,22, que anuncia "novos céus e nova terra" e a reunião de todas as nações; Ez 40,2 e 48,35, falando da presença de Deus na cidade erguida sobre o monte; e Dn 7,9-14, aludindo ao Filho do Homem que recebe o Império Eterno, colaboram para fortalecer tal concepção.

A patrística traduziu o Cristianismo palestinense para a cultura grega sem abandonar as imagens e metáforas bíblicas. Entretanto, pouco a pouco as imagens utilizadas na compreensão a respeito da vida eterna são entendidas como lugar geográfico a partir das pregações da Igreja.

Compreender o céu hoje

No Evangelho de João, Jesus se apresenta como a videira, cujo Pai é o agricultor e nós, os ramos (cf. Jo 15,1-17). O Pai e Jesus trabalham incessantemente para que o Reino se realize de forma eficaz. A imagem da videira traduz a necessidade de permanecer em Cristo, a partir do mandamento do amor (v. 9-14), para produzir frutos: "Não fostes vós que me escolhestes, mas fui eu que vos escolhi e vos designei para irdes e produzirdes fruto e para que vosso fruto permaneça..." (v. 16). Fazer o bem concretamente e deixar-se transformar pelo amor são os frutos esperados pelo Pai e por Cristo. O "homem novo" é inseparável do "novo céu e nova terra", ou seja, o projeto de Jesus é criar novas humanidade e sociedade dentro de um mundo transformado. Portanto, a renovação de todas as coisas já encontra sua semente no coração do ser humano e no "coração" do mundo. Amar é a condição essencial para participar da vida eterna, ou seja, do Reino dos Céus, e a condição para a felicidade humana (cf. Lc 10,25-28).

O que entendemos por céu é a glorificação dos eleitos, a absoluta realização, o que o ser humano pode sonhar de belo, de grande, de reconciliador e plenificador, ou aquilo que suas utopias projetaram. Céu é a realização da esperança, plenitude de homens e mulheres em Deus. Trata-se de uma dimensão da realidade que nos escapa, mas já experimentada no dia a dia. Uma partida de futebol jogada por amigos, em que um time ganha, comemora e se felicita pelo prazer da vitória, é uma experiência do céu. A emoção do jovem ao saber que passou no vestibular depois de horas e dias de sacrifícios, estudos e renúncias; a sensação agradável entre os esposos ao se saberem amados um pelo outro mesmo diante das dificuldades; o sonho realizado da casa própria; a expectativa e a preparação em vista do nascimento do filho e outras experiências humanas apontam, ainda que de forma imperfeita, para a felicidade almejada. Amor, amizade, prazer, alegria e vitória pedem eternidade.

O céu simboliza a felicidade de homens e mulheres como forma de saciar a sede de infinito. Por isso, dizer que Jesus entra no céu ou é glorificado significa afirmar que o Nazareno atinge sua plenitude completa e o ponto mais alto da sua vida ao entrar no Mistério de Deus. Aquilo que se diz de Cristo aguarda-se como glorificação e realização para toda a humanidade.

Albert Schweitzer (1875-1965), músico, filósofo, médico e teólogo luterano, clareia essa afirmação ao contar a estória de um monge que lavava pratos, capinava o jardim e cuidava de doentes no hospital. Visitado por um anjo, de tempo em tempo, desculpava-se por não poder ir porque tinha muito trabalho a fazer. No final da vida, rezava para que o anjo viesse buscá-lo e levá-lo para a eternidade. Ao que o anjo lhe disse: "Levar-te para a eternidade? Onde pensas que tu estavas? Quando lavavas os pratos e carpias o jardim e cuidavas dos doentes, tu já estavas na eternidade. Apenas não sabias. Mas agora irás ver e, nessa sublime visão, saberás: neste mundo apenas começa o que será eternamente".

Conforme Albert Schweitzer, o céu não é a parte invisível do mundo, mas o próprio mundo na sua completa perfeição e inserido no convívio divino (cf. Lc 10,10; Fl 4,3; Ap 20,15). Portanto, o céu é divino e humano. Profundamente divino por ser o próprio Deus, enquanto glória, graça, plenitude da felicidade e realização, e ao mesmo tempo profundamente humano por ser a convergência de todos os dinamismos da pessoa que clamam por realização. Trata-se de um radical encontro consigo mesmo, com o outro, com Deus e com a criação, pois no juízo teremos o discernimento e a clareza de nosso ser e nosso fazer, as consequências positivas e negativas de nossos atos; encontro com os outros na transparência das relações em solidariedade no amor. Todos os salvos, uns com os outros, sem perder a identidade, ao se encontrarem com o Trino Deus, experimentam uma profunda comunhão de irmãos e um mergulho no "oceano infinito do amor" (Elisabete da Trindade).

A pessoa salva realiza seu encontro com Deus face a face. Ele é parte integrante da abertura vivida durante seu percurso na terra. Todo encontro, assumido na perspectiva de entrega, acontece como uma abertura ao sempre maior, um crescimento prolongado indefinidamente, um processo de ser mais na relação. O céu, como encontro entre Deus e o ser humano, compreende-se como um dinamismo que abre a pessoa humana a dimensões sempre novas e multiformes do amor Trinitário. Vivendo a plenitude divina, o ser humano nunca esgotará a novidade do amor de Deus.

O céu, compreendido como um descanso eterno, prolongado indefinidamente, soa como monotonia e tédio. Nada mais distante do Mistério Divino do que essa concepção que toma a eternidade como tempo prolongado indefinidamente. Tempo e espaço só existem junto com a criatura na obra da criação. A eternidade não é sucessão de instantes, momentos medidos quantitativamente, mas uma nova forma de existência (cf. Sl 89,4; Mt 22,23-33; 1Cor 15,51-53).

Deus, sendo inesgotável em seu amor, misericórdia, carinho e ternura, trabalha no coração de suas criaturas por meio do Espírito Santo para conduzir tudo à plenitude (cf. Ef 1,5-10). A criatura redimida não deixa de ser criatura. Na sua diferença em relação ao seu Criador, só alcança Deus progressivamente. Isso significa, pelos dados da própria Escritura, que Deus será novidade constante na vida dos redimidos. Mesmo no céu os salvos vivenciarão um aprofundamento e crescimento gradativo na experiência de seu amor gratuito e incondicional (cf. 1Cor 13,8-12).

O corpo e suas relações

Tudo será assumido, glorificado e plenificado por Deus, exceto o mal. Este, mesmo sem saber como, será superado pela força da graça. Nenhum esforço pelo próprio crescimento, como obra da atuação divina, será perdido. Um copo de água dado por amor não ficará esquecido (cf. Mt 10,42). Deus assumirá o ser humano com toda a sua história: o que foi e o que fez, seus sonhos e projetos, suas relações, as pessoas que amou, aquilo que construiu e com o qual contribuiu para o mundo ser melhor. Como princípio, coração e o fim de todas as coisas, ele será tudo em todos (1Cor 15,28). Da mesma forma que a encarnação revela o valor do mundo e da criatura diante do Senhor e que a vida humana pode ser assumida por Deus, ele assumirá nossa corporeidade, afetividade, comunicação e desejos glorificando-os no seu infinito amor. Pode-se fazer essa afirmação por causa do evento da encarnação e ressurreição de Jesus, pela qual a Trindade assume toda realidade humana. Entretanto, como essa realidade se dará não nos é dito pelas Sagradas Escrituras.

O amor autêntico promete perenidade. No caso do amor divino, promete e realiza, pois o Senhor tem em suas mãos a vida e a morte. A vida eterna realiza a superação do limite humano por um processo qualitativamente superior. Enquanto compreendido como visão de Deus, o Cristo Ressuscitado e Glorioso aparece como a totalidade da promessa cumprida, pois ele, por meio de sua morte e ressurreição, aponta para a glorificação da humanidade. O Deus criador, enviando seu Filho para comunicar o seu amor, torna o ser humano "participante da natureza divina" (2Pd 1,4).

O corpo é o mediador de todo encontro interpessoal. Neste caso, no Cristo Glorioso, no qual "habita a plenitude da divindade corporalmente" (Cl 2,9), sua corporeidade é sinal decisivo de salvação. Cristo é o sacerdote, o mediador para sempre do encontro da criatura com Deus desde a encarnação. Ainda que a criatura seja finita, ela está aberta ao Deus Vivo para que, processual e progressivamente, penetre incessantemente de forma nova e enriquecedora no inesgotável mistério de Deus. Quem alude à vida faz uma abordagem a respeito de um dinamismo de permanente superação. Cada instante será momento de plenitude, e cada plenitude um novo começo, conduzido pelo Espírito. No admirar o rosto do ser querido e amado descobrem-se sempre novas maravilhas.

Pelo fato de a pessoa ser relação com os outros e com o mundo, a vida eterna como comunhão em Deus realiza-se como "comunhão dos santos" ou salvos (cf. Ef 1,1.15-19; 2,19; 3,8; Fl 1,1-2), ou seja, a vivência da solidariedade entre todos sem fronteiras. Trata-se da experiência de todos como irmãos e irmãs de fato. Como a vida em plenitude é comunhão e convivência, o gozo eterno só será total se abraçar os irmãos. De uma mundanidade deformada pelo ter, pelo consumismo, pela depredação do meio ambiente, as relações humanas passarão a ser redimidas pelo Senhor. A ação divina assemelha-se a um escultor e sua obra de arte: da matéria bruta trabalhada e transformada ele extrai beleza para quem sabe contemplá-la.

Céu: projeção dos desejos humanos?

Quando se reflete a respeito do céu, usam-se, como nas Sagradas Escrituras, imagens, comparações e metáforas. Abordam-se os desejos humanos, mas também a dádiva de Deus. Não seria o céu mera projeção desses desejos e a dificuldade de o ser humano aceitar-se como finito e mortal? O céu seria mera projeção se fosse algo exclusivamente futuro, sem base e fundamento no presente. No entanto, há um elemento de continuidade na vida eterna vivenciado por nós como: a fraternidade, a relação com o mundo, a capacidade criativa, a experiência da felicidade, do amor, da superação dos limites, ainda que experimentados de forma imperfeita, fragmentária e inacabada. A continuidade impede que o céu seja mera projeção, revelando que o desejo de plenitude se encontra ancorado nas experiências do dia a dia. Por sua vez, supera o mero continuísmo ao apresentar o elemento da novidade — Deus fazendo novas todas as coisas.

O ser humano não vive sem sonhos, projetos, desejos, ideais, utopias e esperanças. O fato de a vida humana ter algo de projeção no futuro não significa que tudo seja ilusão ou fantasia. Deve o ser humano abandonar seus sonhos e projetos, considerar utopias e esperanças sem nenhuma base? O que seria do Pastor batista Martin Luther King, Gandhi, Nelson Mandela, do Bispo anglicano Desmond Tutu? O que seria dos pastores luteranos, presbiterianos, metodistas e bispos católicos como Dom Helder Camara, Dom Oscar Romero e outros, que lutaram por democracia durante as ditaduras militares, pelo respeito aos direitos humanos e por uma nova sociedade, se não tivessem sonhos, utopias, projetos e ideais? São meras projeções sem fundamentos os sonhos do Fórum Social em vista de outro mundo possível?

Percebe-se a intuição a respeito do céu como um algo melhor de se viver. Sem dúvida, a idealização pode cair no campo da fantasia, dos desejos sem compromissos com a realidade, e numa percepção ingênua da vida. Mas pode ser também a compreensão profética de que o mundo destoa dos planos de Deus, esperança que aponta para algo melhor e compromisso com a transformação do mundo a partir da fé bem vivida e bem compreendida.

Vê-las todas como ilusão é abandonar a utopia, a esperança e os projetos para permanecer numa existência fechada ao novo. A fé cristã ensina que o presente é fermentação e gênesis do futuro, pois o dia de amanhã não se pode reduzir ao que foi vivido no ontem.

O coração novo pressupõe novos céus e nova terra. Quando Paulo cita que "somos cidadãos da terra e cidadãos do céu", e Agostinho acena que "Deus é o nosso lugar", percebe-se que não se pode perder a ligação entre céu e terra, entre as esperanças futuras e a esperança neste mundo, entre o "já" e o "ainda não" (Oscar Cullmann). A forma de viver concretamente no nosso mundo as relações políticas, econômicas, sociais, culturais e de gênero, o modo como se contribui na melhoria e na construção do mundo sinalizam nossa acolhida ou rejeição da graça salvadora.

As Igrejas cristãs têm a missão de evangelizar anunciando a vida eterna sem perder de vista que só se pode ser "cidadão do céu" quando se é "cidadão da terra". "Novos céus e nova terra" são objeto da esperança e não do medo. Proclamar a beleza da vitória na grande alegria dos salvos pressupõe o compromisso com um mundo melhor.

Uma festa, antes de se realizar, precisa ser planejada. "Tão boa quanto a festa é sua preparação." Estamos todos no momento da organização do Grande Banquete, enquanto vivemos o momento presente. Contudo, já vivemos em clima festivo, na expectativa, saboreando o que virá. A festa do Reino se realiza na alegria e na confraternização dos redimidos.

Inferno: o fracasso humano

Percebemos três concepções cristãs a respeito do inferno. *Para o povo*, fortemente marcado pelas pregações das missões populares católicas e evangélicas, o inferno é concebido como um lugar inferior com fogo, enxofre, trevas, presença de demônios que atormentam as almas com gemidos e ranger de dentes. A linguagem bíblica, baseada em comparações, imagens e metáforas, é tomada ao pé da letra. Muitos entendem o inferno como castigo. Deus premia uns e castiga outros.

Para homens e mulheres marcados pela mentalidade moderna, a ideia do inferno soa absurda, como alienação, projeção de desejos de vingança, processo de culpabilização, mito a ser superado. Eles se recusam a aceitar um castigo dado por um Deus Misericordioso. Constatam que a pregação a respeito do inferno, muitas vezes, foi uma forma de forjar uma conduta moral idealista e inflexível.

Para outros, dentro de uma visão personalista, o inferno é a frustração total, o fechamento no egoísmo, a solidão – processo que se dá pela incapacidade de amar e de ser amado. Criação humana ao se recusar a acolher a graça divina em sua vida e cerrar-se cegamente na busca de si mesmo e de seus interesses, não se importando com os meios para atingir seus próprios fins.

A primeira concepção sobre o inferno toma-o como lugar geográfico a partir de uma leitura literalista das Sagradas Escrituras; a segunda rejeita a ideia do inferno como vingança ou castigo divino pelo mau comportamento; e a terceira entende-o como solidão diante do fechamento a Deus e aos irmãos, ou seja, ao amor. Diante das diversas mentalidades sobre o inferno, como falar de forma procedente? Como se situar diante das "realidades infernais" criadas pelo ser humano para si e para os seus semelhantes? Como as Sagradas Escrituras iluminam a fé cristã ao apontar a seriedade de nossa liberdade e a radicalidade de nossas decisões? Como entender a misericórdia divina, que quer a salvação de todos, e a possibilidade da perda e do fracasso eterno?

Segundo uma lenda chinesa, o discípulo perguntou ao seu mestre: "Mestre, qual é a diferença entre o céu e o inferno?" E o mestre respondeu: "Ela é muito pequena e, contudo, com grandes consequências".

"Vi um grande monte de arroz. Cozido e preparado como alimento. Ao redor, muitos homens. Famintos, quase a morrer. Não podiam se aproximar do monte de arroz. Mas possuíam longos palitos de 2-3 metros de cumprimento. Apanhavam, é verdade, o arroz, mas não conseguiam levá-lo à própria boca porque os palitos, em suas mãos, eram muito longos. E assim, famintos e moribundos, juntos, mas solitários, permaneciam, curtindo uma fome eterna, diante de uma fartura inesgotável. E isso era o inferno.

Vi outro grande monte de arroz. Cozido e preparado como alimento. Ao redor dele, muitos homens. Famintos, mas cheios de vitalidade. Não podiam se aproximar do monte de arroz, mas possuíam longos palitos de 2-3 metros de cumprimento. Apanhavam o arroz, mas não conseguiam levá-lo à própria boca porque os palitos, em suas mãos, eram muito longos. Mas, com seus longos palitos, em vez de levá-los à própria boca, serviam uns aos outros o arroz. E assim matavam sua fome insaciável. Numa grande comunhão fraterna. Juntos e solidários. E isso era o céu."

Essa lenda descreve o céu como solidariedade humana e o inferno como preocupação da pessoa com ela mesma. São duas opções radicais do ser humano: a vitória, a glorificação dos redimidos, o desabrochar pleno, a realização máxima como consequência de ser aberto e receptivo, disponível e solidário à graça de Deus, ou a frustração e o fracasso daquele que, fechando-se ao amor de Deus e aos outros, conhece o vazio e o nada. Onde há liberdade há escolhas. No entanto, o inferno não ocupa o mesmo nível de importância do céu. Deus criou tudo para a plenitude e o ser humano para a salvação e a felicidade, não para o fracasso (cf. Ef 1,3-14; 2,14-16; Cl 1,15-20).

A pregação sobre o inferno, muitas vezes, mantém as pessoas no medo do castigo, como forma de autopunição e culpa, ou mesmo para forçar a conversão. O centro da pregação deve ser o Reino de Deus, anunciado por Jesus Cristo, como projeto de vida e de nova sociedade, como o desejo salvífico do Pai para todos.

O inferno nas Sagradas Escrituras

O Antigo Testamento afirma a bondade de Deus e a criação como algo bom. O desejo de Deus é a vida. No entanto, a morte faz parte da condição de criatura. O destino dos mortos é chamado de *Sheol* ou "mansão dos mortos", imaginado como uma cova debaixo das montanhas, lugar do silêncio, trevas e esquecimento (cf. Gn 1; Ez 18,23; Jó 10,21-22). Desse lugar não há retorno para a terra dos vivos (cf. Jó 7,7-10).

Essa concepção do *Sheol* evolui no correr da história do povo de Israel. No Antigo Testamento encontram-se duas concepções diversas sobre o futuro pós-morte. A primeira afirma que os justos, passando pela purificação, aguardam a ressurreição (cf. Is 26,19), enquanto os ímpios, por sua vez, não ressuscitam. A segunda, presente no livro de Daniel, afirma que os ímpios e piedosos ressuscitam. Os justos para a vida eterna e os ímpios para a desonra (cf. Dn 12,2s). Os tormentos dos ímpios são descritos como "o verme que corrói e não morre" (Is 66,24) e "fogo inextinguível", semelhante à Geena no Novo Testamento (cf. Mc 9,42-49).

Jesus retoma esses elementos para falar aos seus contemporâneos. Influenciado pela tradição apocalíptica que aborda a urgência da conversão, o imediatismo do juízo de Deus e a proximidade do fim, Jesus anuncia a salvação e não a perdição. Entretanto, fala da possibilidade da não participação na salvação como: "perda da vida", ser excluído da comunhão com Deus, "ser lançado fora", "choro e ranger de dentes", "verme que corrói e não morre", imagens que ressaltam o caráter da perdição, inutilidade e não validade da vida humana fechada a Deus (cf. Mc 8,35; Mt 3,2.10; 7,23; 13,43; 25,43-46).

Quando o Novo Testamento fala de fogo inextinguível, ardoroso, fornalha de fogo ou lago de fogo e enxofre, refere-se ao que há de mais doloroso e destruidor. "O choro e o ranger de dentes" são sinais de tristeza, medo e raiva por aquilo que não se pode mais mudar. O "ser lançado nas trevas exteriores" é imagem da morte, pois só a luz permite a vida e ver a beleza de tudo. O cárcere acena para o chamado à liberdade e o ser prisioneiro de uma situação que o ser humano mesmo criou. O "verme que não morre" revela a condição do cadáver devorado pela larva insaciável ou o verme da má consciência que corrói e tira a paz. Outra imagem reveladora é a da "segunda morte" como condenação eterna, pois aquele que não ama não vê realizados os desejos de seu coração (cf. 1Cor 6,9; Mc 9,43; Mt 8,12; 1Pd 3,19; Ap 2,11; 19,20).

Jesus alude à possibilidade da perdição para colocar a pessoa diante da urgência da decisão radical de ser favorável ou contra Deus e da necessidade de mudança de vida. Os Evangelhos sinóticos – Mateus, Marcos e Lucas – utilizam a imagem do fogo, por ser algo usual e diário na cultura palestinense. Jesus fala do "fogo da Geena" (Mt 18,9), "forno de fogo" (Mt 13,50) e "fogo inextinguível" (Mc 9,43-48). A "árvore que não dá fruto é lançada no fogo" (cf. Mt 3,10), o mesmo acontecendo com a erva seca (cf. Mt 3,12) e a erva daninha (cf. Mt 13,30). O que não servia devia ser queimado.

O significado do "fogo da Geena"

Inferno é palavra latina que significa "mundo inferior". Geena vem do aramaico *gehinnam* e do hebraico *gehinnom* como abreviatura do título completo "vale do filho de Enom". Lugar com má reputação por ter sido o santuário onde eram oferecidos sacrifícios humanos (cf. 2Rs 23,10; 2Cr 28,3; 33,6; Jr 7,31; 19,2s; 32,35). Jeremias amaldiçoou esse lugar considerado como o vale da morte e da corrupção (cf. Jr 7,32; 19,6). Isaías se refere a esse local – sem citar o nome – onde os corpos dos rebeldes contra Javé irão jazer (Is 66,24). O vale também era usado para queimar o lixo da cidade, restos de animais, cadáveres de pessoas indignas ou outros tipos de imundícies. O fogo era mantido aceso à base de enxofre. Por isso, nos escritos judaicos extrabíblicos, a Geena é vista como local de punição.

A Geena é citada como "lugar de fogo inextinguível", um abismo no qual as pessoas são lançadas e onde os perversos são destruídos e aniquilados. Os pecadores são punidos no fogo eterno, preparado para o demônio e os seus anjos. Os adoradores da besta serão torturados com o fogo de enxofre, passando pela segunda morte. Outras vezes, a Geena é mencionada como prisão e tortura, sem referências ao fogo, como lugar de desgraças "com pranto e ranger de dentes", como sepultura "onde o verme nunca morre" ou lugar da escuridão. No tempo de Jesus, o fogo da Geena remete a um lugar desprezível (cf. Lc 12,5; Ap 14,10; 19,20; Mt 5,25-26; 18,9).

No entanto, o Novo Testamento não utiliza somente a imagem do fogo para afirmar a possibilidade da perdição. João, no seu Evangelho, alude ao julgamento como punição para o pecado, exclusão da vida eterna comunicada pelo Filho e trevas. Paulo refere-se à "justiça de Deus que se manifestará no dia da ira", pois os pecadores não participam do Reino de Deus. Os inimigos da cruz de Cristo são condenados à destruição, assim como os ímpios são punidos (cf. Jo 3,8; 5,29; 8,12; Rm 6,23; 1Cor 6,9; Hb 10,26-31).

O inferno como possibilidade real

O Novo Testamento mostra que quem se condena é o próprio ser humano, pois "Deus não enviou o Filho ao mundo para julgar o mundo, mas para que o mundo seja salvo por ele. Quem nele crê não é julgado, quem não crê já está julgado, porque não creu no Nome do Filho único de Deus" (Jo

3,17-18). A prática da palavra é a condição para a Vida (cf. Jo 12,47-48; Mt 25,32s). A medida do fechamento a Deus é o outro, pois o critério de salvação passa pelo acolhimento do pobre, carente e excluído (cf. Mt 25,31-46).

Observando os textos do bom samaritano (Lc 10,29-37), do pobre Lázaro e o rico (Lc 16,20-31) e do filho que se exclui do banquete (Lc 15,11-32), percebemos que a mensagem do Novo Testamento sobre o inferno possui cunho pessoal e social. Trata-se de uma realidade invertida, ou seja, o céu como vida plena, salvação, glorificação e vitória é o desejo de Deus para todos, porém a morte irrevogável e definitiva (cf. Ap 14,11) é a possibilidade do fracasso humano ao recusar o amor de Deus.

Na geração pós-apostólica, os apologistas – defensores da doutrina cristã – justificam as penas do inferno diante do mundo pagão. Justino (†165) pensa que o inferno é a maior contribuição para a convivência pacífica na ordem social, porque mostra um Deus que não deixa impunes os crimes dos malvados. Atenágoras (†190) ensina que é um estímulo para a observância das normas morais. Irineu (†202) enfatiza a eternidade das penas.

Orígenes (†254) questiona a condenação eterna dizendo que as penas têm caráter pedagógico, medicinal, e apenas uma duração temporal. O fogo, para Orígenes, possui um caráter figurado para mostrar o tormento interno do condenado por perder o único bem existente, Deus. Não podendo a penalidade ser eterna, todos os condenados serão salvos no final. Orígenes levanta tal questionamento como uma hipótese, sem se fechar categoricamente nessa afirmação. Ele mesmo tinha dúvidas a respeito de sua própria afirmação. O mesmo não aconteceu com seus discípulos. Essa doutrina, conhecida como apocatástase, foi rejeitada pela Igreja no II Concílio de Constantinopla, em 543, e teve reafirmada sua condenação pela Igreja Católica no Concílio Vaticano II (1962-1965). A Reforma Protestante também rejeita tal concepção.

Na Idade Média há uma mudança, o inferno passa a ser concebido como algo localizado no interior da terra e visto como lugar de tormentos. A arte medieval ajuda a impor popularmente essa concepção. O IV Concílio de Latrão (1215) e o I Concílio de Lyon (1245) chegam a mencionar as torturas dos condenados e a referir-se às brasas do inferno eterno.

Na Reforma Protestante, Lutero (1483-1546) e Calvino (1509-1564) mantêm os ensinamentos tradicionais da Igreja Católica com relação a esses temas. Lutero enfatiza o poder da graça de Deus na salvação (Artigo 4 da Confissão de Augsburgo) e Calvino, a doutrina da predestinação, abordada no capítulo anterior. Ambos entenderam o inferno como a eternidade separada de Deus e não como tormentos e torturas. No entanto, o desenvolvimento desses temas só ganhará um destaque expressivo na teologia protestante a partir do século XIX, e na teologia católica no século XX, no movimento que desembocou no Vaticano II (1962-1965).

Inferno e liberdade humana

Dentro da mensagem cristã, o anúncio e o cumprimento das promessas de Deus referem-se à salvação. O inferno encontra-se dentro da categoria do possível. O ser humano, como criatura pecadora, carrega a possibilidade da frustração total, do fracasso e da própria destruição. No entanto, não há como afirmar quem foi ou não condenado. Inferno não é criação divina, castigo, nem fruto da vontade de Deus. Em 1Ts 4,3, Paulo diz que "a vontade de Deus é a vossa santificação", e no capítulo 5,9 lembra que "Deus não nos destinou para a ira, mas sim para alcançarmos a salvação por nosso Senhor Jesus Cristo". Portanto, como Deus não quer que ninguém peque e pratique o mal, não deseja o inferno.

O cristão crê e confia no Deus misericordioso, Pai de nosso Senhor Jesus Cristo, que age pela força do Espírito Santo. O objeto de sua fé é a Trindade, em cujas mãos o ser humano faz sua entrega total. Ele não crê nem confia no inferno como objeto de fé ou entrega de vida. No entanto, afirma sua possibilidade provinda da própria existência humana ao entender que Deus leva a sério a liberdade e a vida de suas criaturas. Portanto, falar do inferno é reconhecer a liberdade constitutiva do ser humano e o respeito de Deus pelas decisões tomadas pela pessoa (cf. Lc 13,22-30.34-35; 19,1-16; Mt 21,26-32).

A liberdade humana, ainda que existindo dentro de condicionamentos e limitações, não se opõe, mas também não se identifica com o livre-arbítrio, que é a capacidade de escolher entre diversas possibilidades de agir. Nessas pequenas escolhas a pessoa vai plasmando uma liberdade profunda e sua própria identidade. Como o ser humano é fruto de suas relações, de seus sonhos, projetos construídos ou não, suas decisões possuem grande valor.

O ser humano é finito e frágil, limitado em sua consciência e liberdade, condicionado em suas próprias decisões pelo meio social, pela educação, pelo inconsciente e suas forças ocultas. Entretanto, há sempre algum grau de liberdade, e suas opções – para o bem ou para o mal – possuem o caráter de irrevogabilidade e definitividade por se inscrever no tempo e no espaço. O bem ou o mal feito a alguém ou a qualquer criatura não tem como ser desfeito. Ninguém tem o poder de voltar no tempo e apagá-lo, ainda que Deus possibilite ao pecador a graça do perdão como novo recomeço.

Caminhando na história entre o relativo e o definitivo, o ser humano se depara com o próprio Deus. Pela experiência, dentro da história, o Senhor vem ao seu encontro (cf. Lc 24,13-15). Ele pode acolher o amor absoluto e definitivo, que cria e recria sua liberdade, possibilitado pela graça. Contudo, Deus jamais se impõe. Há liberdade para o "sim" e para o "não". Há o risco de Deus ser aceito ou rejeitado; de a pessoa decidir-se contra ou a favor da salvação. A recusa pode ser levada até o fim, eliminando o outro da própria vida, assumindo uma postura de apatia e indiferença diante do sofrimento alheio (cf. Mt 25,31-46). Nessa perspectiva, o inferno é uma situação vital, forma de ser e estado integral de fechamento, frustração e perda de si mesmo.

As Sagradas Escrituras anunciam a promessa de vida para o povo de Israel. Diante do advento dessa promessa, o Povo de Deus vive num êxodo constante, peregrinando com esperança. Ele caminha, apesar das falhas e retrocessos, em vista de algo maior. Tendo experimentado a escravidão no Egito e feito experiência da libertação, descobre, pouco a pouco, que o "Deus Libertador" é o "Deus Criador". Sua fé na criação é concebida como realização e felicidade na comunhão com o Deus da história. O cumprimento da promessa em Jesus de Nazaré revela, no Novo Testamento, que Cristo é o centro de toda a criação (cf. Jo 1,1-3; Cl 1,15-17). Tudo foi feito por meio dele (Jo 1,3) e somente nele tudo encontra sua consumação e plenitude (cf. Ef 1,3-14). Portanto, fechar-se a Deus presente na história e, de modo especial, no irmão pobre e sofredor (cf. Lc 16,19-31), é frustrar a própria vocação humana de ser para os outros e sua própria destinação de ir crescendo sempre, "até atingir a maturidade de Cristo" (cf. Ef 4,13)

Sendo Deus a fonte da Vida, o distanciar-se do ser amado por fechamento da criatura, a separação, é a "segunda morte" (cf. Ap 20,14-15), corte do ramo da videira (cf. Jo 15,2), sal sem sabor (cf. Mt 5,13), vazio, frustração, não ser (cf. At 17,28), relação pervertida consigo, com os outros, com Deus e com o cosmo. Ruptura que se torna solidão por ser fechamento em si mesmo, negação de toda relação, comunicação e diálogo. Quando se busca somente a si mesmo de forma egoísta, só pode haver frustração.

O inferno é, portanto, a não realização da promessa por aquele que frustrou sua própria vocação de comunhão divina ao perder de vista sua meta última. Estagnação no próprio eu, que impede o crescimento e a felicidade no já da existência e na consumação eterna. Teologicamente, o inferno é a permanência no pecado.

Inferno como aniquilamento

Ultimamente, surgiu outra concepção a respeito do inferno, diferindo da perspectiva de estado definitivo. Trata-se da ideia do *aniquilamento*. Os defensores de tal posição apontam quatro considerações bíblicas como base de sua afirmação:

1) *A morte como consequência do pecado.* A Bíblia fala que "aquele que pecar morrerá" (Ez 18,4), pois "o salário do pecado é a morte" (Rm 6,23). O Apocalipse, dentro da mentalidade judaica do fim como algo irreversível, cita "a segunda morte" (20,14; 21,8).

2) *A destruição dos ímpios.* Os salmos descrevem o destino dos ímpios como destruição (Sl 1,1-6; 34,22). O Sl 37 diz: "Os maus murcham como a erva verde" (v. 2), por isso serão extirpados (v. 9-10), perecerão (v. 20) e serão destruídos (v. 38). Profetas como Isaías, Sofonias e Oseias (cf. Is 1,28; Sf 1,15; Os 13,3) partilham essa mesma ideia. No Novo Testamento, Jesus ratifica esta mesma concepção ao falar do joio que deve ser destruído (cf. Mt 13,30) e do peixe ruim atirado fora (cf. Mt 13,48).

O CÉU. FESTA PREPARADA E CELEBRADA

3) *Implicações morais a respeito do tormento eterno*. Descartando a concepção do inferno como condenação divina pelo castigo, os partidários desta posição entendem que há uma desproporção da situação de pecado vivida dentro do tempo e as consequências destes atos como tormento eterno.

4) *Implicações cósmicas sobre o tormento eterno*. O Novo Testamento anuncia "novos céus e nova terra", como fruto da transformação do mundo pela graça de Deus, quando chegar o momento da plenitude. Como nutrir a esperança de um mundo novo sabendo da existência de sofrimentos eternos para os que se perderam? A realidade do tormento eterno faria soar a nova criação como algo defeituoso e imperfeito.

Por causa dessas considerações, esta corrente pensa o inferno como o aniquilamento dos pecadores fechados a Deus e aos irmãos. Quem recebe o ser como dádiva divina e dele depende dissolve sua própria existência ao negá-lo. Dizendo de outra maneira: Deus é Vida em plenitude. Cortada a comunicação vital com o Senhor, o resultado é o nada, a morte. Não se afirma que é Deus que aniquila o ser humano. As Sagradas Escrituras são claras ao referir-se ao desejo divino de o pecador se converter e ser salvo. A exclusão da comunhão com Deus – não vida – é fruto das decisões humanas dentro de um processo de fechamento em si mesmo. Sua origem se encontra na culpa, enquanto responsabilidade humana, e não na vontade do Senhor. Deus faz de tudo para salvar o pecador. No entanto, ele pode permanecer surdo e insensível à voz e à ação de Deus. A decisão e a ação humanas possuem algo de irrevogável, como já foi acenado anteriormente, pois elas se inscrevem no tempo e no espaço. Ainda que se possa mudar a opção, o que é feito de bom ou de ruim não pode ser apagado, possui um acento de eternidade.

A concepção do aniquilamento advoga que os que amam de verdade a Deus e aos irmãos encontrarão a plenitude da vida: Deus. Os que não amam simplesmente voltam ao seu nada, ao pó. Eles mesmos, infelizmente, se desligaram do Único doador da Vida.

Após aprofundar a compreensão do céu e do inferno, percebe-se a necessidade crescente de mostrar que nossa fé não se baseia em ilusões, fantasias, mitos, mas em realidades presentes na vida humana, ancoradas no nosso cotidiano. Isso pede, de nossas Igrejas:

- trabalhar na catequese, pregação e escolas dominicais a riqueza das metáforas das Sagradas Escrituras referentes à vida eterna, levando nossos ouvintes a perceber as imagens e as comparações para ilustrar o entendimento, sem jamais tomá-las ao pé da letra;

- mostrar que o desejo de Deus é a salvação de todos. Ele é o primeiro interessado em que cheguemos à plenitude de nossa vida. O inferno não é castigo divino, mas possibilidade na vida humana;

- explorar as experiências humanas presentes no dia a dia, como: a alegria, a festa, o prazer, a vitória no jogo de futebol, o amor entre casais, amizade e outras que apontam e ajudam a compreender – ainda que de forma imperfeita – a nossa esperança de participar do banquete do Reino dos Céus;

- enfatizar que ser "cidadão do céu" não pode ser vivido sem ser "cidadão da terra", preocupando-se e trabalhando por um mundo melhor na luta pelo respeito aos direitos humanos, na defesa do meio ambiente, na busca de ética na política e na superação de injustiças e exclusões;

- conscientizar os membros de nossas comunidades sobre as experiências infernais presentes no cotidiano de muitos irmãos: a droga, o tráfico de pessoas, a miséria, a fome, o extermínio feito pelas milícias, a tortura com presos comuns, a guerra, a violência urbana etc.;

- suscitar cada vez mais a esperança contida nas promessas de Deus. Ele é fiel e se revela como alguém compassivo, misericordioso, rico em bondade e ternura. Sua alegria e preocupação se encontram muito mais na volta do filho pródigo do que nas confissões de culpa sem conversão.

Conclusão aberta

1) Céu significa existir no ser mesmo de Deus. Dizendo de outra maneira, o céu é a Trindade enquanto plenitude, vitória, glorificação, meta, cumprimento da promessa e felicidade da vida humana. Trata-se de uma forma pessoal, nova e definitiva de ser com caráter coletivo e

social. A salvação de Deus é acolhida a partir de nossas relações pessoais e sociais, cujo sinal e instrumento é a Igreja (cf. 1Cor 12) congregada pelo Espírito (cf. 2Cor 5,8).

2) O céu é a participação em Jesus Cristo e em Deus Pai na força do Espírito. Sem anular as diferenças entre a criatura e o Criador, os ressuscitados e redimidos experimentam o significado de "Deus ser tudo em todos" (1Cor 15,28) como graça absoluta. Entretanto, o céu não é algo estranho à história. Ele é acolhido e experimentado no dia a dia de forma parcial, nas lutas por mais justiça realizadas pelas pessoas guiadas pelo Espírito. "O céu é o futuro do mundo e do homem, que é, por sua vez, Deus mesmo" (Hans Küng).

3) Céu não é um lugar geográfico localizado em determinado espaço, mas a salvação realizada, vida eterna, visão face a face de Deus a partir do "viver com Cristo, por Cristo e em Cristo". Trata-se da realização do sonho de Deus, presente no início da criação, de que todos sejam pessoas plenas.

4) Como religião do amor, o centro da pregação do Cristianismo é a Boa-Nova anunciada por Jesus de um Deus compassivo, terno e misericordioso, cujo projeto – Reino de Deus – é para toda criatura e para um mundo novo. Nesse sentido, só se pode falar do inferno como possibilidade de a criatura fechar-se a Deus e aos irmãos. Como o Cristianismo é a religião do amor, torna-se também a religião da liberdade. Amor sem liberdade não existe. Deus nos faz uma proposta que pode ser acolhida ou rejeitada.

5) Da mesma forma que o céu, o inferno é consequência de como se vive; pois tomar decisões, construir projetos ou abdicar de tudo isso tem incidências na vida humana. O Deus Trino oferece sua graça salvadora para todos, mas ninguém é forçado a acolhê-la. O mistério da liberdade humana tem um papel importante no jogo de nosso futuro.

6) Deus sempre permanecerá bondoso e misericordioso. Entretanto, se cria o ser humano livre e respeita esta liberdade, acolhe até o fim as decisões humanas. Sem dúvida, ele procura falar de diversos modos

aos corações para que escolham o caminho da vida. Se o Deus misericordioso providenciasse magicamente uma solução para um final feliz, a vida não perderia sua seriedade? Sempre haverá o risco de o ser humano se perder e fracassar.

7) A pessoa pode dizer não a Deus. O inferno é o obstáculo colocado pelo ser humano entre ele e Deus. É o endurecimento da pessoa no mal, situação egoísta petrificada, um "não" decisivo que impede o dizer "sim". Por isso, criação humana.

8) As Sagradas Escrituras anunciam o cumprimento em Cristo da vida plena e a possibilidade do fracasso e da perda humana irreversível. Por isso, Jesus utiliza comparações, metáforas, parábolas e imagens para falar de realidades experimentadas na história, mas não vivenciadas de forma conclusiva e plena. Ao tomar comparações e imagens como a realidade em si, pode-se perder de vista a mensagem.

9) O inferno é a frustração da vocação humana para amar, recebida de Deus. Solidão, isolamento, dor e sofrimento por contemplar como perda irrevogável o próprio Deus, como plenitude da felicidade (céu). Para os partidários da concepção do aniquilamento, o inferno é a morte e o nada, pois só ressuscitam para a vida os que sempre estiveram em comunhão com Deus. Cortada a relação com o Senhor – por causa do fechamento no pecado, fruto de suas decisões e liberdade –, o próprio ser humano impede a si mesmo de participar da plenitude da vida.

Oração

Ó Deus de Amor e de Bondade, sabemos que o vosso desejo é a salvação de todos, por isso nos enviastes vosso Filho, Jesus Cristo, para cumprir a promessa feita aos nossos pais no Antigo Testamento e revelar vossa soberania. Ajudai-nos, na seriedade de nossas decisões, a acolher a vossa graça, assumindo vosso projeto de uma humanidade renovada em vosso amor. Nós vos confessamos como o Deus compassivo e misericordioso, mas sabemos que pelo nosso pecado e fechamento podemos pôr tudo a perder. Fazei que nossa "fé operando pelo amor" nos torne sempre mais artífices da paz, defensores dos direitos humanos e responsáveis pela integridade do meio ambiente, pois sabemos que vós, como "amigo da vida", amais tudo o que criastes (Sb 11,25-26), e nos amais de forma especial. Concedei-nos a dádiva da vida eterna, pois diante de vós não temos nenhum mérito, mas vossa graça nos torna pessoas justificadas na fé. Vós que sois o nosso céu, a plenitude da felicidade ansiada pelo nosso coração, o banquete da vitória, a visão e a glória.

Amém.

Textos dos teólogos

1. "A escatologia do medo e do terror, da 'salvação da alma' e do 'arrebatamento da Igreja' deve ceder lugar a uma escatologia que se firma no Deus da esperança. Que subscreve em teoria e prática, em doutrina e ação, a atuação de Deus no mundo, plenamente convicta de que o Deus Salvador não é outro que o Deus Criador, interessado na reconciliação de todas as coisas. Para além do juízo de Deus – que também é certo – a meta do Deus Salvador e Criador é que, em Jesus Cristo, todas as coisas sejam recapituladas (Ef 1,10). Essa esperança é firme e, longe de nos conduzir à estática ou à resignação ou, pior ainda, ao desejo de que nosso mundo agonize, nos dinamiza para proclamarmos e agirmos para que os valores do Reino de Deus – a paz e a justiça – se manifestem não apenas na Igreja, mas também na família, no trabalho, no estado e em toda a sociedade. Escatologia Integral é a teologia da esperança que 'não nos decepciona, porque Deus derramou o seu amor em nossos corações, por meio do Espírito Santo que ele nos concedeu' (Rm 5,5). Somos chamados a agir movidos por essa esperança, a desfatalizar a história e a anelar, confiados, por 'novos céus e nova terra', na certeza de que, no dia sem fim, Deus habitará conosco, e ele mesmo enxugará de seus olhos toda lágrima [...]" (ROLDÁN, Alberto Fernando. *Do terror à esperança. Paradigmas para uma escatologia integral*. Londrina: Descoberta Editora, 2001. p. 155-156).

2. "Estamos aqui no núcleo do problema: o conflito não se situa entre a misericórdia e a justiça de Deus, senão entre esta mesma misericórdia e a liberdade do homem. Se se quer simplificar o problema, ao risco por demais

DA TERRA AO CÉU

de caricaturá-lo, se poderia estabelecer assim o dilema: o inferno existe e Deus não é verdadeiramente Amor, ou bem o inferno não existe e a liberdade do homem tampouco. Convém suspeitar adequadamente de ambos os dados contrapostos. O primeiro é relativamente evidente: por si mesmo, o Deus Amor não pode aceitar um inferno eterno. O segundo é mais complexo: se me dizem que, haja o que houver, serei de todo modo salvo por Deus, ainda que rejeite com todo o meu ser esta salvação e me rebele contra ela, que resta de minha liberdade? Como poderia encontrar minha felicidade em algo que me repele que me foi imposto contra minha vontade? Todas as nossas vidas não seriam, então, objeto de manipulação e não seríamos, no final das contas, senão marionetes nas mãos de Deus?

A liberdade do homem é um 'mistério'. A filósofa e carmelita Edith Stein (morta em Auschwitz em 1942) escrevia: 'Toca a alma decidir por si mesma. Ante o grande mistério que constitui a liberdade da pessoa, Deus mesmo se detém'. Nossa liberdade é 'a faculdade do definitivo' e 'o acontecimento do eterno' (Karl Rahner), e o inferno, propriamente falando, não é criação de Deus, senão uma criação do homem. A rejeição eventual de um só homem já criaria um inferno" (SESBOÜÉ, Bernard. *Creer: Invitación a la fé católica para las mujeres y los hombres del siglo XXI*. Madrid: San Pablo, 2000. p. 625).

Reflexão em grupo

1. Faça uma síntese a respeito dos dois temas abordados: o céu e o inferno. O que o texto ajuda a compreender melhor?

2. Deus quer a salvação de todos (cf. Tt 2,11), ainda que o ser humano, por sua liberdade, possa rejeitar a graça e se perder. Nas Igrejas cristãs, a pregação muitas vezes difunde o medo do castigo, a culpa, a preocupação exagerada com o inferno, em vez de ajudar as pessoas a descobrirem a beleza do amor e da salvação oferecida. Em que você pode contribuir em sua Igreja para superar tal mentalidade?

3. Faça uma pesquisa para conhecer melhor o pensamento de grandes autores sobre o tema da salvação, como Karl Barth, Wolfhart Pannenberg,

Hans Urs von Balthasar e Karl Rahner. O que eles acrescentam à sua compreensão a respeito desses temas?

Para aprofundar

BOFF, Leonardo. *Vida para além da morte.* Petrópolis: Vozes, 1973. p. 15-33, 67-83, 119-131.

CALLEJAS, Juan Noemi. *Escatología.* Santiago: Seminario Pontificio Mayor, 1989. p. 82-97.

DELUMEAU, Jean. *O que sobrou do paraíso.* São Paulo: Cia. das Letras, 2003. p. 23-61.

KEHL, Medard. *O que vem depois do fim?* São Paulo: Loyola, 2001. p. 149-170.

LA PEÑA, Juan L. Ruiz de. *La otra dimensión. Escatología cristiana.* Santander: Sal Terrae, 1986. p. 50-104, 148-174, 197-246.

LIBANIO, João Batista; BINGEMER, Maria Clara L. *Escatologia cristã.* Petrópolis: Vozes, 1985. p. 246-289.

McKENZIE, John L. Salvação. In: *Dicionário bíblico.* São Paulo: Paulus, 2005.

MURAD, Afonso; GOMES, Paulo Roberto; RIBEIRO, Súsie. *A casa da teologia. Introdução ecumênica à ciência da fé.* São Paulo/São Leopoldo: Paulinas/Sinodal, 2010. p. 71-139.

POLITI, Sebastián. *História e esperança. A escatologia cristã.* São Paulo: Paulinas, 1996. p. 225-236.

ROLDÁN, Alberto Fernando. *Do terror à esperança. Paradigmas para uma escatologia integral.* Londrina: Descoberta Editorial, 2001. p. 49-76.

SCHNEIDER, Theodor (org.). *Manual de dogmática.* Petrópolis: Vozes, 2002. v. 2, p. 376-426.

VI

"Novos céus e nova terra" ou fim do mundo?

Paulo Roberto Gomes

Introdução

É muito comum, de tempo em tempo, a indústria cinematográfica lançar algum filme catástrofe abordando a possibilidade do fim do mundo. De 1998, a ficção científica chamada *Armagedom*, dirigida por Michael Bay, mostra uma chuva de meteoros destruindo um ônibus espacial e devastando uma parte da cidade de Nova York. O filme gira em torno de um astrônomo que descobre um asteroide do tamanho do estado do Texas se dirigindo para colidir com o planeta Terra. Alguns cientistas da NASA encontram a única possibilidade de salvar a vida do planeta: abrir um buraco no asteroide e implodi-lo com bombas atômicas.

O filme *2012*, dirigido por Roland Emmerich, baseia-se no calendário maia a respeito de eventos cataclísmicos. No roteiro do filme, erupções solares aquecem rapidamente o núcleo da Terra, provocando o deslocamento da crosta terrestre. O fenômeno gera terremotos, megatsunâmis, erupções vulcânicas, mergulhando o mundo no caos. Alguns personagens centram a atenção em salvar o maior número possível de pessoas em navios construídos no Himalaia, em uma versão moderna da Arca de Noé.

Não muito diferente dessas películas que atraem muitos telespectadores fascinados pelos efeitos especiais e pela imaginação dos roteiristas, diversos pregadores anunciam os últimos tempos com o fim do mundo.

Segundo a teologia de algumas denominações cristãs, há um juízo da Igreja que acontecerá diante do "Tribunal de Cristo", quando os crentes forem arrebatados com o Senhor para os ares. Não se trata de condenação, pois os crentes já estão salvos, mas da clareza sobre a vida de cada um. Um segundo julgamento está destinado na Grande Tribulação sofrida pela nação israelita. Deus provará judeus e pagãos, concedendo-lhes salvação ou perdição segundo o arrependimento. No entanto, somente um pequeno grupo será salvo.

O terceiro julgamento é o "juízo do trono branco" (Ap 16,16; 20,1-3.11-15), realizado depois do milênio – tempo de paz abundante, justiça, fertilidade, longevidade e saúde –, em que os pecadores serão julgados e devorados pelo fogo do céu. A história humana e o mundo acabarão em chamas, e o próprio diabo será lançado no lago de fogo e enxofre. Os crentes, por sua vez, viverão felizes no paraíso.

Será a "escatologia do mundo" uma reflexão sobre a destruição da criação boa e bela saída das mãos de Deus? O "novo céu e a nova terra" prometida no Apocalipse pressupõem todas as coisas reduzidas às cinzas pelo fogo descido do céu? Somente o ser humano salvo não seria uma redenção pela metade? História, relações sociais, mundo, simplesmente serão descartados? Estaria a felicidade dos crentes baseada na aniquilação dos pecadores?

A relação entre pessoa e mundo

Pensar a vida humana só é possível na estreita relação entre pessoa e mundo. Mundo é entendido, de forma neutra, como o contexto em que o ser humano se encontra; a realidade política, econômica, social e religiosa com suas inúmeras possibilidades e relações. Não se entende este termo no contexto joanino de forças contrárias ao Reino de Deus, que deve ser enfrentado e vencido, apesar de esta realidade também estar presente.

Jesus comparou o ser humano com a videira plantada e cuidada pelo Deus agricultor. Ela não se entende como algo isolado, à parte, mas como fruto da terra. De certa forma, no pomar flores e frutos são manifestações da potencialidade do próprio canteiro. Alguém pode dizer: os frutos são aquilo que a terra tem de melhor para oferecer. Isso leva a refletir sobre o destino do próprio pomar. Não é ele também transformado pela beleza das flores e dos frutos? Ele não se dá a conhecer e pode ser contemplado justamente como revelação da fecundidade da terra? Dizendo de outra maneira: nos planos de

Deus, o mundo bom e bonito criado por ele, manchado pelo pecado humano e degradado, não está destinado também a uma transformação?

Paulo, na Carta aos Romanos 8,18-22, declara:

Penso, com efeito, que os sofrimentos do tempo presente não têm proporção com a glória que deverá revelar-se em nós. Pois a criação em expectativa anseia pela revelação dos filhos de Deus. De fato, a criação foi submetida à vaidade – não por seu querer, mas por vontade daquele que a submeteu – na esperança de ela também ser libertada da escravidão da corrupção para entrar na liberdade da glória dos filhos de Deus. Pois sabemos que a criação inteira geme e sofre dores de parto até o presente.

Paulo fala de sofrimentos, expectativa, anseio de toda a criação submetida à vaidade, ou seja, ao sem sentido. Há gemido, dores e esperança de ser libertada da corrupção para participar da liberdade e da glória dos filhos de Deus.

Giuseppe Barbaglio, no seu comentário bíblico, afirma que a visão paulina é dinâmica, suscetível de desenvolvimentos até chegar à plena realização final. No versículo anterior, o apóstolo chama a atenção para o fato de "que todos são conduzidos pelo Espírito de Deus" (Rm 8,14). Essa tese de Paulo percorrerá todo o texto mostrando a íntima ligação entre ser conduzido e chegar à herança divina. Nesse processo há uma desproporção entre o que se vive agora e o esperado escatologicamente superior.

O universo, impelido por um impaciente anseio, geme. Trata-se de uma espera ativa e dolorosa, porém com a promessa de superação final. As dores de parto apontam para algo novo que irá nascer.

O universo tem uma meta?

Sabe-se que o universo tem um início, uma história de milhões de anos, e um término. Tratar do término do universo não é o objetivo da escatologia, mas da ciência. A escatologia aponta para o fim como meta, consumação entendida como plenitude.

Na natureza encontram-se forças de organização, evolução e expressão. Vista a partir da fé, a criação como uma obra boa no Gênesis (1-2) atingirá seu cume na consumação. Isso leva a afirmar que a *protologia* – palavra sobre a criação – se liga à escatologia, palavra sobre a meta. Há um início do universo, um momento da origem da vida, uma longa evolução até o aparecimento do ser humano. Ainda que a ciência afirme que no processo evolutivo há bifurcações, perdas e regressões, o fim está presente no começo. Tudo parece conspirar para que em algum momento surja vida e, posteriormente, vida inteligente. Por isso, em vez de abordagem a respeito do fim do mundo deve-se falar do futuro do mundo.

Alguns grupos de cientistas fazem objeções à ideia de uma finalidade do cosmo ao afirmar que a matéria é eterna, e a intervenção de Deus é improvável. Logo, falar da finalidade do mundo seria algo sem fundamentos. Sem dúvida, a ciência, que trabalha com a observação empírica de seu objeto, não pode explicar aquilo que foge de seu campo de investigação. Uma criação realizada por Deus, a ação divina no mundo e a finalidade do cosmo não podem ser comprovadas empiricamente. Isso seria extrapolar o campo de trabalho científico, o que não significa serem falsos os enunciados da fé, que ultrapassam o campo da observação e da experiência.

O evolucionismo não espera uma consumação do mundo na linha ascendente. Ele explicita os processos como mecanismos de evolução imanentes ao mundo, com sua própria força. A teologia contemporânea não tem dificuldades de dialogar e aceitar o evolucionismo. No entanto, a partir dos dados da fé apresenta a graça de Deus atuando nos processos evolutivos, conduzindo tudo para a plenitude com a participação humana.

A palavra da teologia

A teologia liberal e a escatologia consequente, produzidas na Alemanha nos séculos XIX e XX, entenderam Jesus como um grande pregador de valores éticos. Seus contemporâneos esperavam a irrupção do fim para breve. Como Israel se fechou à sua missão, Jesus se ofereceu em sacrifício para introduzir o fim do mundo. Infelizmente, morreu como um fracassado, porque Deus não interveio para libertá-lo da morte. Rudolf Bultmann, com

"NOVOS CÉUS E NOVA TERRA" OU FIM DO MUNDO?

sua teologia existencialista, afirma que Juízo Final, ressurreição dos mortos e transformação deste mundo são mitos. O importante é perceber em Jesus Deus convidando os homens para viver a autenticidade. O Eu e o mundo decaíram e precisam ser resgatados. A teologia é sinônimo de antropologia ao reconduzir o ser humano no caminho da sua busca autêntica. A redenção é o seguimento de Cristo em obediência à Palavra no processo de hominização. Para a teologia liberal e a escatologia consequente, Jesus e a Igreja encontrariam sua razão de ser ao ajudar as pessoas a viver os ideais éticos.

Na linha contrária, nasce o fundamentalismo como movimento teológico e social, enfatizando que a Sagrada Escritura é a autoridade de fé para reger a sociedade e as interpretações científicas. Surge como reação, após a publicação do livro de Charles Darwin *A origem das espécies* (1859), à teologia liberal e à Alta Crítica alemã, movimento que propunha o estudo da composição e história dos textos bíblicos. A Alta Crítica buscava investigar onde e quando o relato se originou, por quem e para quem, quais as circunstâncias, as fontes usadas e a mensagem que deseja transmitir utilizando a linguística, a antropologia e a arqueologia.

No século XX, vários escritores de tendência conservadora publicam o livro *Os fundamentos*, por isso a designação de fundamentalismo. Essa obra define, entre os pontos principais da fé, que: 1) a Bíblia é infalível, suficiente e inerrante. Portanto, basta ater-se à literalidade do texto sem necessidade de interpretações; 2) Jesus Cristo é Deus nascido virginalmente, cujos milagres e sua ressurreição são dados históricos. Seu retorno apocalíptico também acontecerá dentro da história; 3) afirma-se a literalidade do Gênesis como verdade de fé e rejeita-se qualquer tipo de evolucionismo; 4) a salvação é dada por Jesus Cristo pelo arrependimento dos pecadores; 5) o inferno é um lugar eterno de tormento para aqueles que não se arrependem.

Discordando da escatologia consequente, da teologia liberal e do fundamentalismo, a teologia histórico-salvífica de Oscar Cullmann afirma que a história caminha em direção a uma meta final, estabelecida e alcançada somente pela e mediante a intervenção divina. A decisão fundamental já ocorreu com a ressurreição de Cristo, embora a consumação permaneça aberta. A maioria dos teólogos contemporâneos segue nessa direção.

A primavera do mundo

O Novo Testamento vê a vinda de Cristo na encarnação e sua ressurreição como o acontecimento escatológico decisivo. O anúncio da chegada do Reino significa uma viragem decisiva da humanidade. Com ele, as promessas do Antigo Testamento se cumprem e o novo mundo se faz presente, ainda que por sinais, pela fé, pela vida da comunidade, pela Palavra, pelo testemunho e esperança dos seus seguidores. Jesus crê no plano de Deus para a humanidade e aguarda a consumação da criação como obra salvífica.

O cosmo se insere nesse processo conforme acenam Rm 8, Ef 1,3-23, Cl 1,13-20, 2Pd 3,11-18 e Ap 21,1–22,5. Faz parte da fé de seus discípulos e, consequentemente, da fé da Igreja a esperança de um juízo universal com a criação de um mundo novo, no qual as imperfeições, o mal, o pecado, a dor e o sofrimento serão superados. Não se trata de um julgamento jurídico, mas com o sentido bíblico de discernimento e clareza.

A história não desmente a ideia de que algo novo e duradouro pode surgir de si mesma. A participação humana no desenvolvimento intelectual, ético, social, político e religioso constitui-se de grande importância. No entanto, o Novo Testamento mostra que a linha da história da salvação não corre reta e sem perturbação, mas como uma espiral.

A ressurreição da carne, entendida no contexto bíblico como ressurreição da pessoa, aponta para o destino do ser humano ao ser assumido por Deus à semelhança do Cristo, de forma que Deus seja tudo em todas as coisas e forme com a humanidade uma unidade inconfundível e inseparável. Pela criação o universo pertence à história de Deus e está consagrado a participar da divinização e da cristificação, conforme afirma a Sagrada Escritura (cf. Rm 8,18-25), porém não se sabe como.

Ainda que no Brasil não haja estações do ano bem delimitadas, a primavera se encontra no nosso imaginário como a estação onde tudo se transforma em beleza. O verde das matas e florestas com diferenciadas colorações, as flores de diversos tipos e perfumes, tudo convida à contemplação. A metáfora da primavera do mundo a partir do Ressuscitado aponta para a transformação, operada pelo poder da graça de Deus "encabeçando em Cristo todas

"NOVOS CÉUS E NOVA TERRA" OU FIM DO MUNDO?

as coisas que estão nos céus e as que estão na terra" (Ef 1,10), fazendo-as manifestar a beleza do Deus Criador, do Redentor e do Santificador.

Jesus Ressuscitado é o modelo que permite vislumbrar o futuro da matéria. Seu corpo material foi transfigurado pelo poder de Deus. Dizendo de outra forma: a matéria não se perde, mas é transformada e assumida como luz, glória, comunhão, presença e transparência de Deus (cf. 1Cor 15,45; Rm 5,14; Ap 1,18; 21,6).

Pela encarnação do Filho, o Pai assume o cosmo e a matéria, saídos do mais profundo do ser de Deus no processo da criação. A ressurreição do Cristo expande a ação encarnatória de Deus para o universo inteiro (cf. Ef 1,9-10; 2Cor 2,9-11), ou seja, não há mais limite para o Ressuscitado, ele preenche com seu Espírito todos os seres. É verdade que, quando perguntado sobre o fim do mundo (cf. Mt 24,3; Mc 13,4; Lc 21,7), Jesus responde dizendo que não sabe o dia nem a hora (cf. Mc 13,22), pois o importante é a atitude de vigilância constante (cf. Mc 13,5.23.33). A Igreja primitiva esperava o fim iminente (cf. 1Ts 4,17; 1Pd 4,7; 2Pd 3,8s), e como ele não aconteceu muitos cristãos se decepcionaram (cf. 2Pd 3,4; 3,8-10). No entanto, o essencial já se realizou em Cristo Jesus. Por isso, o cristão deve ser a pessoa de jovialidade, bom humor e alegria pascal, ainda que um passageiro, sem território e sem terra (cf. Fl 3,20; Hb 6,5).

O tempo entre a encarnação, morte e ressurreição de Cristo e o tempo da consumação de todas as coisas é o tempo escatológico, ou seja, o tempo da decisão por Cristo, no qual o cristão vive sua consciência acerca do futuro, coloca-se em liberdade diante do "mundo" no serviço à humanidade. Ele confessa em fidelidade, vigilância e esperança a certeza da consumação vindoura. Conforme a orientação do Novo Testamento, o crente não foge do mundo (cf. 2Ts 3,1-15), mas cumpre sua missão de transformar o mundo, humanizá-lo, ainda que libertá-lo de toda imperfeição caiba somente a Deus.

O uso da imagem da primavera do mundo alimenta a esperança, com o desabrochar de sua beleza na transformação profunda operada pela graça de Deus. Não se trata de um consolo barato para cruzar os braços e esperar o que Deus irá fazer, mas de certeza da ação salvífica do Senhor.

Esperança depois da seca: tudo renasce!

Estamos acostumados com um tempo longo de estiagem. A terra e o mato ficam secos. Os pastos ganham uma coloração amarelada e cinzenta, quando não a cor escura das queimadas que prejudicam o solo. O tempo das primeiras chuvas faz tudo enverdecer. É bonito ver, depois da seca, como a natureza renasce. As imagens dos primeiros brotos das árvores, das folhas tenras, flores e frutos ajudam a entender a esperança da recriação do cosmo pelo poder de Deus.

Paulo é quem melhor compreende que "a criação inteira espera ansiosamente a revelação dos filhos de Deus". Ainda que sujeita à transitoriedade, a esperança cristã acena para a libertação da escravidão e corrupção de todo o cosmo para a liberdade e a glória dos filhos de Deus (cf. Rm 8,19-22).

A partir de Paulo e de Ap 21, pode-se dizer que não somente os seres humanos, mas também as outras criaturas do mundo vegetal e animal, os astros, a terra, o mar, em sua materialidade, são "chamados" para ser "libertados" por Deus na consumação definitiva. Para muitos surge um problema: como pode Deus dar vida eterna às outras criaturas? Não é somente a pessoa destinada à ressurreição? Essa interpretação não distorce a compreensão cristã?

O texto poético de Apocalipse diz: "Vi então um novo céu e uma nova terra, pois o primeiro céu e a primeira terra se foram, e o mar já não existe. Vi também descer do céu, de junto de Deus, a cidade santa, uma Jerusalém nova, pronta como uma esposa que se enfeitou para seu marido" (21,1-3). Usando metáforas, o texto acena para uma realidade profunda e aguardada na esperança.

Infelizmente, muitas vezes o futuro do ser humano é abordado guardando um silêncio com relação ao futuro do cosmo. Toda a criação saiu das mãos graciosas de Deus. Por que somente o ser humano seria transformado pela graça divina? Por que se alude, então, ao "novo céu e nova terra" e à "nova criação"? Não estamos excluindo as outras realidades de sua íntima vinculação com os seres humanos? A redenção somente da humanidade não deixa todo o resto do universo impregnado pelo pecado humano e entregue a

"Novos céus e nova terra" ou fim do mundo?

si mesmo? Não seria a redenção só da humanidade uma salvação pela metade, pelo fato de não incluir as outras criaturas?

Karl Rahner, teólogo católico, está convencido de que o mundo material "puramente em si" não pode ser consumado. No entanto, o mundo material participa da unidade corpo-espírito do ser humano. À medida que homens e mulheres incluem no seu fazer e viver, significativamente, as realidades materiais, elas são assumidas. Dizendo de outra forma: toda realidade material que somos (corpo), e na qual estamos inseridos (mundo), é assumida pelo humano na gratidão, na alegria, na realização, na confiança, na esperança e no amor. As "coisas" passam a ser interiorizadas, humanizadas e transformadas.

Para Medard Kehl, teólogo católico, e Jürgen Moltmann, teólogo protestante, essa reflexão de Rahner é insuficiente, pois privilegia o antropocentrismo teológico. O mundo não pode ser visto como valor somente a partir do ponto de vista humano e do sentido que a humanidade dá ao universo. Essa visão moderna não corresponde à visão bíblica. Biblicamente falando, nada chegará à plenitude sem o ser humano e sua participação. Metáforas como "as bodas do Cordeiro", "a Jerusalém celeste", "novo céu e nova terra" ou "Reino de Deus" só fazem sentido reconhecendo a participação humana de forma significativa. Entretanto, isso não significa que a criação chega à plenitude apenas interiorizada no ser humano e por participação em sua vida.

Com base nas Sagradas Escrituras e na grande tradição teológica, a criação deve sua existência à Palavra criadora do Deus Amante. Ele chama tudo à vida (Gn 1), tudo lhe "obedece" e participa de sua bondade e beleza. Na Bíblia, o louvor das criaturas ao Criador (cf. Sl 148) remete à alegria da existência de toda a criação. Com a criaturidade há uma transparência da presença divina, ainda que seja bem diferente a capacidade humana das demais criaturas em acolher o Deus Criador e revelá-lo.

A terra, com sua fauna e flora, pela ganância humana está maltratada, machucada pelo projeto conquistador e dominador da modernidade. O Projeto do Reino de Deus pressupõe a salvação da terra, caso contrário, será uma redenção incompleta. O ser humano não vive num espaço fechado e isolado. Ele é também natureza. Está interligado a tudo como parte de um grande sistema.

153

A esperança cristã, sem dizer quando ou como, crê que a Trindade santa, com sua presença amorosa, preenche o tempo e o espaço com sua beleza e eterniza pelo seu poder a melodia fundamental de toda criação como uma "liturgia cósmica".

A redenção do cosmo

A soberania divina transparecerá de forma clara quando se cumprir o Reinado de Deus sobre o todo da criação. Somente quando tudo for consumado é que Deus se manifestará como o Criador e Senhor de todas as suas obras. Além disso, o pecado humano se encontra tão enraizado na natureza, escravizando, degradando e destruindo, que se torna necessária a redenção divina também no âmbito do universo.

Cristo Ressuscitado abarca com sua presença o cosmo inteiro. Sabendo, pelas Sagradas Escrituras, que os salvos participam da glorificação do Filho, pode-se afirmar que com a ressurreição do indivíduo sua "corporalidade redimida" participa do cosmo. O texto de Ef 1,3-14, ao dizer que somos abençoados em Cristo, afirma que "aprouve-lhe levar o tempo à sua plenitude encabeçando todas as coisas em Cristo, as que estão na terra e as que estão nos céus". Cl 1,15-20, depois de apresentar o Ressuscitado como a imagem do Deus invisível, chama a atenção para o fato de que "ele é a cabeça da Igreja, que é seu corpo", e 1Cor 12,27 já havia acenado que "sois o corpo de Cristo e sois os seus membros". Como "primogênito de toda criação" e "primogênito dentre os mortos", nele se realizam "novo céu e nova terra". Portanto, o cosmo chega à plenitude não por ser somente incorporado naqueles que são ressuscitados pelo poder de Deus. Atingindo a plenitude, o universo é incorporado e transformado no corpo do Cristo Ressuscitado.

Além disso, referir-se à redenção do corpo não é falar da redenção da alma em relação ao corpo como se este fosse sua prisão. A redenção do mundo não é afirmação de uma redenção descartando o mundo. Caso contrário, cair-se-ia no gnosticismo, doutrina que, entre outras coisas, concebe o corpo, a matéria e o mundo como algo mal, obra de um demiurgo, em profunda contradição com o Deus bom e criador da Bíblia.

A existência humana sempre será existência corporal, dentro da realidade do mundo. Só se pode compreender corretamente a escatologia quando se aborda a redenção à luz da criação ou a criação à luz da redenção. Tratar a escatologia apenas como uma restituição da integridade original dentro do esquema criação-queda-redenção é insuficiente. A salvação não existe somente por causa do pecado, mas também de uma história amorosa de Deus com a humanidade, cujo desejo e ação conduzem tudo para a eterna novidade.

Na perspectiva bíblica, a criação está inacabada, aberta para a mudança e para o futuro. A temporalidade, criada junto com o cosmo, se torna promessa de eternidade. Conforme referido no capítulo IV, a eternidade não é o atemporal ou um tempo infinito, mas a plenitude atingida por todas as coisas.

No Apocalipse, quando aquele que está sentado no trono diz "Eis que faço nova todas as coisas" (21,5), o texto torna claro que nada passa ou será perdido, mas que tudo será transfigurado e revelado de uma outra forma. Segundo Jürgen Moltmann, os seis dias da criação, narrados no Gênesis, se direcionam para o sétimo dia, o *shabbat* de Deus. Trata-se da presença divina repousante que abençoa o criado e que faz sua habitação – *shekiná* – entre suas obras. A redenção do cosmo é a festa do sábado realizada, ou do grande domingo – o dia do Senhor – vivido em plenitude.

A teologia cristã de Irineu (†202), passando por Agostinho (†430) e Gregório, o Grande (†604), entende a criação destinada à transformação e não à destruição. Por sua vez, alguns grupos protestantes de leitura fundamentalista se fixam em uma visão ao pé da letra de 2Pd 3,12 e Ap 20,7-10. Ao dizer que "os céus arderão em chamas e os elementos consumidos pelo fogo se dissolverão", interpreta-se o julgamento ocorrendo com a destruição total do universo. Com exceção dos anjos e dos seres humanos salvos, tudo o que pertence a este mundo será queimado pelo fogo e se desfará em nada.

Na concepção fundamentalista, somente os que forem arrebatados com Cristo nos ares estarão livres. O Armagedom, palavra hebraica que vem de *Har* Maguedo, como referência à planície do Meguido (cf. Ap 16,16; 2Rs 23,29s; Zc 12,11), será o lugar da grande batalha entre Deus e as forças do mal. As nações serão destruídas, e o flagelo sobre os homens será

DA TERRA AO CÉU

desproporcional. Satanás será lançado no lago de fogo e de enxofre, enquanto os arrebatados por Deus assistirão cair fogo do céu para o extermínio dos pecadores. No entanto, pouco se pergunta: que mundo está destinado a ser destruído? A felicidade dos redimidos se encontra em ver seus irmãos e irmãs, ainda que pecadores, sendo aniquilados pelo fogo divino? Qual é a compreensão de mundo latente nessa afirmação? O simbolismo bíblico do fogo é apenas de um elemento destruidor?

O mundo destinado a ser destruído é o mundo (éon) da injustiça e da morte (cf. 1Cor 7,31), cuja figura passará. O mundo como criação boa de Deus não será aniquilado, mas transformado. Biblicamente, o fogo é apresentado não somente como elemento de destruição, mas como purificação e transformação. O Cristo que repreendeu os discípulos que queriam pedir fogo do céu para destruir os samaritanos, que o rejeitaram e não permitiram sua passagem pelo seu território (cf. Lc 9,51-55), não é o mesmo Cristo misericordioso e compassivo a se manifestar na plenitude dos tempos?

O desejo de Deus não é a glorificação de almas desencarnadas, mas a ressurreição dos mortos, também compreendida como *ressurreição do corpo* ou *da carne*. O significado de corpo ou carne pode ser traduzido como pessoa humana, no seu ser mais autêntico e verdadeiro. O agir divino sempre é criativo. Superados o pecado e a morte, o Cristo Crucificado manifestará sua justiça ao mundo como o servo do Reino de Deus em sua glória. A tradição luterana fala também de *transformatio mundi*. Compreende que os bem-aventurados terão uma nova corporeidade, a matéria será glorificada à semelhança do "corpo transfigurado do Cristo" (cf. Fl 3,21). Voltando ao texto de Ap 21,5, não se fala "eis que eu crio", mas "eu faço" tudo novo. O fazer divino é moldar, dar forma ao que foi criado.

A salvação do mundo

A expressão *transformação do mundo* deve ser compreendida como radical, profunda, atingindo seus fundamentos. Não é possível saber como será essa transformação do cosmo. A base do discurso teológico se atém às Sagradas Escrituras. Ir mais além é cair na elucubração teológica ou deixar-se levar por fantasias. No entanto, com base na Palavra de Deus pode-se chegar à compreensão mais profunda.

A teologia da Igreja Ortodoxa compreende a escatologia do mundo como divinização de todos os seres. O princípio de Atanásio (†373), teólogo da patrística, diz que "Deus se tornou humano para que nós, humanos, sejamos divinizados". A divinização é entendida como participação da pessoa em Deus sem deixar de ser criatura. Uma vez que a teologia ortodoxa não separou conceitualmente natureza e pessoa, a glorificação humana é também redenção e glorificação da natureza. Redenção se entende como transfiguração, tendo como base a transformação do próprio Cristo no monte Tabor (cf. Mt 17,2). Como a pessoa humana está em íntima comunhão com toda a criação, sua redenção é redenção do cosmo, sua transfiguração acontece como transfiguração e divinização do universo. Na teologia ortodoxa não se concebe uma salvação das pessoas sem salvação da natureza.

A teologia ortodoxa contribui na reflexão escatológica ao revelar a íntima conexão entre a pessoa e o cosmo. No entanto, ao afirmar a espiritualização do universo revela a fragilidade dessa reflexão ao desconsiderar a nova criação do céu e da terra.

Tanto o ensinamento de algumas correntes protestantes sobre a destruição do mundo como a visão ortodoxa da divinização do cosmo são doutrinas unilaterais. Uma por não esclarecer o tipo de mundo a ser destruído; outra por cair na espiritualização. Ambas silenciam a respeito da *nova criação*. Somente a doutrina cristã da transformação do cosmo leva a sério Deus como Criador. A ação divina na matéria conduz tudo para a nova criação transfigurada por sua graça.

Afirmar que "não há salvação sem o mundo", conforme a expressão latina "nulla salus sine mundi", é perceber que o ambiente em que se vive não é a matéria morta ou utilizável, que gera e mata, mas a promessa real de ser "nova terra". Não existe comunhão com o Pai e com Cristo se descuidando da terra, tão importante nas promessas do Antigo e do Novo Testamento. A terra se destina aos bem-aventurados (cf. Mt 5,5). O amor a Cristo inclui o amor ao Universo e a esperança por sua transformação.

A criação situa-se no tempo transitório, aberta à salvação ou à destruição, dentro de um processo que está intimamente ligado à eternidade de Deus. Essa eternidade é compreendida como plenitude ou consumação, conforme se falou nos capítulos anteriores. O Deus Criador e Libertador, que contempla suas obras como boas e belas, direciona tudo para sua plenitude (cf. Cl 1,15-20).

Para falar da transformação/transfiguração do cosmo, Ap 21–22 utiliza textos de Ez 47-48 e a profecia de Is 65,17. Descreve a cidade santa, símbolo do Povo de Deus, como "noiva do Cordeiro" (Ap 21,2), cuja "luz ilumina os povos da terra" (Ap 21,24). Ela possui "a glória de Deus" (Ap 21,23), abriga a "água da vida" (Ap 22,1), oferece "vida e cura" (Ap 22,1-2). Seus habitantes "trazem o nome de Deus na testa" (Ap 22,4) e seus nomes constam no "livro da vida" (Ap 17,8). A "Nova Sião" está aberta para todos: gentios e judeus (Ap 21,12-14) e resplandece a glória de Deus como uma pedra preciosa rara – jaspe –, com a claridade de um cristal (Ap 4,3; 21,11). Ela é a "cidade jardim" superando o Éden (Ap 22,1-2). Seu Templo é o Senhor, habitando em seu meio; sua luz vem de Deus, por isso não necessita do sol; e sua lâmpada é o Cordeiro (Ap 21,22-23). Nessa passagem, Jürgen Moltmann vê a habitação cósmica de Deus ao revelar sua glória – amor e santidade – como esplendor e beleza.

A partir da reflexão sobre a redenção do cosmo, pode-se pensar em algumas tarefas para as comunidades cristãs, tais como:

- mostrar que a esperança de "novo céu e nova terra" faz parte da promessa de Deus dentro da história, compreendida como luta entre o bem e o mal. A grande mensagem se encontra em que Deus vencerá todo o mal, o sofrimento e o pecado;

- superar a visão individualista da salvação para a compreensão comunitária e social. O ser humano redimido está estritamente ligado aos demais seres humanos e ao seu contexto. Isso pressupõe relações com todas as outras criaturas;

- superar a imagem de um Deus castigador, vingativo e desejoso de destruir suas próprias obras pela imagem divina daquele que cria, cuida, conserva e conduz para a plenitude se alegrando com as obras de suas próprias mãos;

"Novos céus e nova terra" ou fim do mundo?

- enfatizar o compromisso cristão com a história e o mundo, como protagonistas da esperança, no meio de tanto desespero, alienação e descompromisso dos cristãos e outros irmãos de credos religiosos diferentes ou de nenhum credo;

- trabalhar a imagem do ser humano como o jardineiro (cf. Gn 2,15), vocacionado a transformar o mundo, recuperando a teologia da criação em sua íntima relação com a escatologia do mundo;

- incentivar ações concretas em consonância com o ser cristão, como: defesa do meio ambiente, denúncia profética diante das injustiças, exclusões e depredação do planeta, movidas pela lógica do lucro e da ganância;

- perceber que todo desenvolvimento autêntico na história, na sociedade e no mundo realiza o avanço do Reino de Deus entre nós e sua salvação. Salvar é resgatar a vida, por isso que tudo o que é feito em defesa e promoção da vida, ainda que em forma de sinais, revela e concretiza a ação salvífica de Cristo.

A glória de Deus, revelada na transformação do cosmo e na transparência de sua presença, é a festa da alegria eterna, comparada nos Evangelhos com a festa de casamento (cf. Mt 9,15; 25,21; Mc 2,19; Lc 5,34), expressa pelas "bodas do Cordeiro" (Ap 19,7; 21,2). Dizendo de outra maneira: com a ressurreição de Cristo a alegria pascal se desdobra da dimensão pessoal, comunitária, para o social e o cósmico. Todas as criaturas, libertadas da corrupção do pecado e da morte, cantarão a Deus os seus hinos e cânticos de louvor. A alegria do universo, o sorriso do cosmo será a alegria e o prazer de seu Criador. Apenas estamos preparando a grande festa da alegria para que a redenção seja completa. Por isso, nada melhor do que ouvir ecoar:

Nunca mais haverá maldições. Nela [na Jerusalém, no cosmo transformado pela graça de Deus] estará o trono de Deus e do Cordeiro, e seus servos lhe prestarão culto. Verão a face divina e seu nome estará sobre suas frontes. Já não haverá noite: ninguém precisará mais da luz da lâmpada, nem da luz do sol, porque o Senhor Deus brilhará sobre eles, e eles reinarão pelos séculos dos séculos (Ap 22,3-5).

Conclusão aberta

1) Para a teologia cristã, cujos alicerces se encontram nas Sagradas Escrituras, o cosmo tem uma meta. A história da salvação engloba não somente a vida de homens e mulheres, o planeta Terra, mas todo o universo criado.

2) A meta do cosmo, malgrado os caminhos tortuosos pelos quais o pecado humano degrada, aniquila e desvirtua as obras da criação, tende para a plenitude de Deus. A glorificação e o senhorio de Cristo se tornarão manifestos claramente com a transformação e transfiguração do cosmo.

3) Se a redenção divina fosse um processo dirigido somente aos seres humanos, seria um descaso, da parte de Deus, com a história, na qual manifesta sua salvação, e com as obras da criação saídas boas e belas de suas mãos. A redenção de Deus é total e universal ao eliminar todo mal, sofrimento e dor. Como isso se dará não nos é dito, mas é afirmado pela primazia da graça de Deus.

4) Ainda que não se saiba como será a transformação e transfiguração do cosmo pelo poder da graça de Deus e se deva evitar cair em fantasias ou elucubrações, pode-se falar da redenção do universo a partir da ressurreição de Cristo. As cartas de Paulo e Pedro e o livro do Apocalipse apontam para a presença cósmica do Ressuscitado e a transformação do universo.

5) Deus é sempre criador. Não é destruidor das obras de suas mãos. Seu desejo é a consumação, a plenitude de tudo. O "fim do mundo" que se espera é o término de um longo processo, conduzido por Deus para atingir sua meta, ainda que o pecado humano desfigure tal cenário. Não se trata de catástrofe ou holocausto. O "mundo" que será aniquilado por Deus é o mundo da injustiça e da maldade, da violência e da mentira. Tudo se tornará transparência do Deus Amante, Amado e Amor.

Oração

Bondoso Pai, vós criastes os seres em Cristo no poder do Espírito, que pairava sobre as águas. Desde o princípio destinastes o ser humano e todo o universo à plenitude. O pecado humano manchou e impregnou a beleza de vossas obras com sinais de degradação e destruição. Como crentes em vossa Palavra, esperamos a redenção do nosso corpo e a libertação da criação com seus "gemidos" por liberdade, pois aguardamos em esperança "novo céu e nova terra". Não permitais que desprezemos as obras boas e belas saídas do vosso coração. Não nos deixeis ceder à tentação da fuga do mundo. Ajudai-nos, como discípulos, a contribuir significativamente para que o cosmo chegue à sua meta e a acolher vossa graça transformadora. Que o universo chegue à plenitude no Cristo Vivo e Ressuscitado.

Textos dos teólogos

1. "A partir da ressurreição de Cristo a alegria desdobra perspectivas cósmicas e escatológicas de redenção de todo o cosmo. Redenção para quê? Na festa da alegria eterna, todas as criaturas e toda a comunhão da criação cantarão a Deus os seus hinos e cânticos de louvor. Isso deve ser entendido não só de modo antropomórfico: os hinos e cânticos de louvor das pessoas que se alegram com Cristo Ressuscitado são, segundo a sua própria compreensão, apenas um eco tênue da liturgia cósmica e dos cânticos de louvor celestiais e da alegria de viver manifestada por todos os demais seres vivos.

A festa da alegria eterna é preparada pela plenitude de Deus e pelo júbilo de todas as criaturas. Caso se pudesse falar apenas do ser e da vontade de Deus, não se poderia fazer justiça à sua plenitude. Apesar de toda a impropriedade da analogia humana, o melhor ainda é falar da plenitude de Deus como a fantasia inesgotavelmente rica de Deus, referindo-se à força de sua imaginação criadora. Dela procede vida sobre vida em plenitude variada. Se a criação é transfigurada e glorificada, como foi mostrado, então a criação não é apenas uma resolução livre da vontade de Deus nem um resultado de sua autorrealização; ela é, antes, como um grande canto ou uma rica poesia ou uma maravilhosa dança de sua fantasia, visando a compartilhar sua plenitude divina. O riso do universo é o deleite de Deus" (MOLTMANN,

Jürgen. *A vinda de Deus. Escatologia cristã*. São Leopoldo: Unisinos, 2003. p. 360).

2. "Esta vontade salvífica de Deus não se limita às pessoas, não se limita ao planeta Terra, mas abrange o cosmo inteiro. Deus quer a salvação do mundo, porque a aliança que fez com este mundo abrange o cosmo inteiro. 'A história', diz Jacques Dupuis, 'é do início ao fim uma história da salvação, ou seja, um diálogo com a humanidade, começado por Deus na aurora dos tempos, e que a conduz, através de várias fases, ao destino que ele escolheu'. Lembrando que salvação significa 'vida em plenitude', descobrimos assim a última característica do projeto cósmico de Deus: VIDA PLENA PARA O COSMO INTEIRO.

Pelos caminhos tortuosos e lentos da história humana, Deus conduz esta história rumo à sua última finalidade. Por causa dessa constante presença de Deus, nesta história 'já se acham os sinais da salvação'. A presença de Deus, porém, vai muito além de sua presença na história humana. Por caminhos tortuosos e enigmáticos ainda, Deus conduz também a totalidade deste cosmo ao seu destino final. [...]

Um cosmo que se torna transparente, de tal maneira que em tudo transparece a presença de Deus. Um mundo onde os valores da vida, que são os valores de Deus, serão os únicos a valer. Uma humanidade transformada, em união com Jesus Cristo. Cosmo Cristificado; Deus tudo em todos; modificação do universo inteiro conforme os planos de Deus... assim como o visionário o formulou no apocalipse: 'Eis a tenda de Deus entre os homens. Ele levantará sua morada entre eles e eles serão seu povo, e o próprio Deus-com-eles será o seu Deus. Enxugará as lágrimas de seus olhos, e a morte já não existirá, nem haverá luto nem pranto nem fadiga, porque isso tudo já passou' (Ap 21,3-5).

Aqui não se fala de destruição. Não se descreve holocausto e catástrofe. Deus não destrói aquilo que construiu numa história de bilhões de anos. Deus o plenifica. Para que o cosmo inteiro alcance aquilo que desejou desde os primeiros momentos de sua criação. [...]

Uma vez alcançado esse objetivo final da criação, cada ser viverá com Deus conforme a sua natureza e suas características. O cosmo inteiro se tornará espelho de seu Criador. Eis a parusia em plenitude, o triunfo definitivo de Jesus, o Cristo; o êxito total e definitivo da obra criadora de Deus" (BLANK, Renold. *Escatologia do mundo. O projeto cósmico de Deus. Escatologia II.* São Paulo: Paulus, 2001. p. 364-366).

Reflexão em grupo

1. Converse com seus colegas: o que este capítulo ajudou na sua compreensão a respeito do "fim do mundo"?

2. Procure fazer uma explanação de forma clara a respeito da ressurreição dos mortos, do juízo e da parusia de Cristo.

3. A partir da leitura e do estudo deste livro, quais são os aspectos da escatologia que sua Igreja precisa aprofundar, corrigir e enfatizar?

Para aprofundar

BLANK, Renold. *Escatologia do mundo. O projeto cósmico de Deus. Escatologia II.* São Paulo: Paulus, 2001.

BOFF, Leonardo. *Vida para além da morte.* Petrópolis: Vozes, 1973. p. 195-206.

KEHL, Medard. *O que vem depois do fim?* São Paulo: Loyola, 2001. p. 171-179.

LIBANIO, João Batista; BINGEMER, Maria Clara L. *Escatologia cristã.* Petrópolis: Vozes, 1985. p. 213-224.

MOLTMANN, Jürgen. *A vinda de Deus. Escatologia cristã.* São Leopoldo: Unisinos, 2003. p. 281-341.

POLITI, Sebastián. *História e esperança. A escatologia cristã.* São Paulo: Paulinas, 1996. p. 201-209.

Conclusão

Ó misericordioso e compassivo Senhor, vós criastes o mundo desejando que tudo chegasse à plenitude de vosso amor salvador. Entrastes em diálogo com nossos pais no Antigo Testamento e, nos últimos dias, nos falastes através do vosso Filho, Jesus Cristo.

Ele é o único salvador e mediador entre vós, ó Pai, e nós, seres humanos. A vida de vosso Filho Jesus consistiu no anúncio do vosso Reino. Reino de graça e de verdade, de liberdade e vida plena para todos os excluídos e sofridos de todos os tempos e lugares.

Como homens e mulheres crentes na Palavra amorosa de vosso Filho, sabemos que a morte, o pecado e o mal não têm a última palavra em nossa história. Cremos no poder e na ação do vosso Espírito Santo, que ressuscitará e transformará nossos corpos mortais.

Bondoso Senhor, não tememos o dia do juízo e da vinda do vosso Filho Jesus, mas o aguardamos ansiosamente. Enquanto esse grandioso dia não chega, nós nos comprometemos a ser "sal e luz" do mundo, testemunhas de vossa verdade, colaboradores na vossa obra transformadora deste mundo injusto em um mundo mais humano.

Nosso encontro definitivo com vosso Filho Jesus revelará a forma de viver de cada um. Aguardamos e confiamos em vossa redenção para sermos acolhidos no grande banquete. Confessamos o Senhor como o nosso céu, enquanto plenitude de nossa felicidade, nossa vitória e nossa glória. Aguardamos também a redenção e consumação do universo inteiro.

Por conhecermos nossa fraqueza e sermos pessoas livres e autônomas, pedimos-vos, Senhor, não nos deixeis desviar dos vossos caminhos e nos fechar à vossa graça santificadora, pois sempre há o risco de nos perdermos.

Confiantes de que "o justo vive pela fé", proclamamos a vossa soberania e renovamos a cada dia a entrega de nossa vida em vossas mãos. Na esperança que não decepciona e na "fé que opera pela caridade", dizemos mais uma vez: "Vem, Senhor Jesus!".

Sobre os autores

Afonso Murad

Marista, licenciado em Pedagogia e Filosofia e doutor em Teologia Sistemática. Professor no Instituto Santo Tomás de Aquino (ISTA) e na Faculdade Jesuíta de Filosofia e Teologia (FAJE), em Belo Horizonte. Autor de vários livros e artigos. Publicou pela Paulinas Editora, entre outros, *A casa da teologia e Maria, toda de Deus e tão humana*. Criou o Projeto de Educação Ambiental Amigo da Água (www.amigodaagua.com.br).

Carlos Cunha

Doutor e pós-doutorando em Teologia Sistemática pela Faculdade Jesuíta de Filosofia e Teologia (FAJE). Professor de Ecumenismo e Diálogo inter-religioso no Instituto Santo Tomás de Aquino (ISTA) e de Teologia de Fronteira na FAJE. Também trabalha como professor em seminários livres católicos e protestantes de Minas Gerais. Pesquisador do grupo de pesquisa Fé e Contemporaneidade do Conselho Nacional de Desenvolvimento Científico e Tecnológico (CNPq).

Paulo Roberto Gomes

Trabalha na diocese de Leopoldina, Paróquia Bom Jesus, Argirita, MG. É doutor em Teologia Sistemática e tem especialização em Ciência da Religião e Antigo e Novo Testamento. Professor de Teologia no CES-JF e assessor de grupos de leigos e religiosos.

Impresso na gráfica da
Pia Sociedade Filhas de São Paulo
Via Raposo Tavares, km 19,145
05577-300 - São Paulo, SP - Brasil - 2017